U0591510

改变历史的女人

先秦卷

1

文茜 著

SPM 南方出版传媒·广东人民出版社

·广州·

图书在版编目（CIP）数据

俪殇：改变历史的女人 . 1，先秦卷 / 文茜著 . ——
广州：广东人民出版社，2020.3
ISBN 978-7-218-13880-0

Ⅰ . ①俪… Ⅱ . ①文… Ⅲ . ①女性－名人－列传－
中国－古代 Ⅳ . ① K828.5

中国版本图书馆 CIP 数据核字（2019）第 222863 号

LI SHANG:GAIBIAN LISHI DE NVREN. 1, XIANQIN JUAN

俪殇：改变历史的女人 . 1，先秦卷

文茜 著

出 版 人：肖风华

责任编辑：马妮璐　刘　宇
责任技编：周　杰　周星奎
装帧设计：安　宁
出版发行：广东人民出版社
地　　址：广州市海珠区新港西路 204 号 2 号楼（邮政编码：510300）
电　　话：（020）85716809（总编室）
传　　真：（020）85716872
网　　址：http：//www.gdpph.com
印　　刷：天津旭丰源印刷有限公司
开　　本：880mm×1230mm　1/32
印　　张：9　**字　　数：**140 千
版　　次：2020 年 3 月第 1 版
印　　次：2020 年 3 月第 1 次印刷
定　　价：39.80 元

如发现印装质量问题，影响阅读，请与出版社（020－85716849）联系调换。
售书热线：（020）85716826

CONTENTS

|壹|　女艾谍浇　助少康复国 —— 1

|贰|　有施妹喜　灭夏扶商 —— 35

|叁|　多面妇好　筑就"武丁中兴" —— 63

|肆|　灭殷商　妲己以声色为戈矛 —— 91

|伍|　褒姒不笑　幽王为博一笑失西周 —— 119

|陆|　息妫引三战　灭两国 —— 147

|柒| 夏姬破陈 兴吴衰楚——*173*

|捌| 骊姬乱晋 恃宠戏强权——*199*

|玖| 钟无盐称后 齐国大治——*231*

|拾| 西施惑夫差心 助越灭吴——*257*

女艾谍浇
助少康复国

女艾当时并不知道，

这个月明之夜，会成为她

一生中最关键的转折。她

更不会知道，这一刻，不

仅改变了她的命运，而且

改变了历史，让她成了

历史上第一个女间谍。

第一章

侍女女艾

I

　　女艾从少康身边的一名侍女成为刺客，只用了三年时间。

　　少康是夏朝第五位君主姒相的儿子。不过，这时候夏朝已经灭亡，身为夏朝君主的后人，少康正蛰伏在纶邑。

　　少康的蛰伏是迫不得已，甚至可以说，他的蛰伏只是在等待机会复仇，恢复夏朝。

　　夏朝是中国历史上的第一个朝代，建立者是大禹的儿子姒启，都城在阳翟。

　　"夏"源自姒姓夏后氏。

　　夏朝未建立前，是个以姒姓夏后氏、有扈氏、有男氏、斟郡氏、彤城氏、褒氏、费氏、杞氏、缯氏、辛氏、冥氏、斟灌氏这十二个氏族组成的部落联盟。之所以最后以"夏"为国号，是因为在这个部落联盟里，"夏后氏"排在首位。

在姒启建立"夏"朝前，他是十二个氏族组成的部落联盟的首领。而在姒启成为部落联盟首领之前，部落联盟首领的更替都是采用禅让制的。也就是说，要从十二个氏族的部落里，选出一位既有德行又有能力的人。也正因如此，第一位部落联盟首领尧才将首领之位禅让给并非他子孙的舜，而舜又禅让给并非他子孙的禹。

不过，到了禹的时候，由于禹的继任者皋陶没有继位便死了。于是，禹便将部落联盟首领禅让给了伯益。

由于伯益的德行和能力都不足以成为部落联盟首领，导致其他部落的人不服，而姒启的能力远在伯益之上，因而，在众人的支持下，姒启用武力打败了伯益，顺利即位。

这样一来，虽然禹没有直接传位给姒启，结果却是他的儿子成了继任者。姒启即位改变了一直以来部落联盟的禅让制，开创了世袭制的先河。

姒启做了十二氏族部落联盟的首领后，开始了大刀阔斧的变革，并以"夏"为国号。原本的部落联盟，变成了由十二氏族

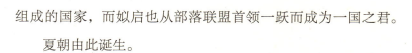

组成的国家，而姒启也从部落联盟首领一跃而成为一国之君。

夏朝由此诞生。

姒启死后，他的长子姒太康继位，将夏朝的都城迁往斟鄩。

姒太康不仅喜欢玩乐，而且痴迷狩猎。有一次，姒太康竟带着亲信前往洛水北岸打猎，且一去三个月不归。

作为一国之君却百日不归，夏朝内部矛盾重重，民众大为不满，这给了东夷有穷氏部落的首领后羿可乘之机。他趁机夺城，并将姒太康拦在城外。这就是历史上著名的"太康失国"。

这位后羿是谁呢？就是神话传说"后羿射日"中的"后羿"。

至于为什么会有"后羿射日"这样的神话，应该是后羿善射的缘故。

后羿夺取夏朝政权后，称王八年。这段历史，也被称为"后羿代夏"。

不过，后羿称王八年后，因其他部落日益不满，他便将君位让给了姒太康的弟弟姒仲康，自己重回有穷氏。然而，后羿让位给姒仲康也是有条件的，那就是有穷氏不再向夏朝纳贡。

能将夏朝重新掌握在姒姓夏后氏的手里，姒仲康当然兴奋不已。但对于有穷氏不向夏朝纳贡，他却十分不满，因为有穷氏不纳贡，其他部落也会争相效仿。因而，为了让夏朝重新强大起来，让有穷氏再次俯首称臣，姒仲康选择与有穷氏的后羿开战，可几次战争都失利了。最终，他不得不退居商丘一隅，以商丘为都城。

之后，姒仲康去世，他的儿子姒相继位。

在此期间，东夷的有穷氏部落也发生了变故。那就是后羿重蹈姒太康的覆辙，整日只知游猎，不思朝政，让他的亲信寒浞有了可乘之机。

寒浞很狡猾，他一边给后羿安排各种享乐活动，一边笼络后羿身边的人，并最终与后羿的妻子纯狐联手，先是杀死了忠诚后羿的臣子，接着又杀死了后羿。

夺得有穷氏部落后，寒浞并不满足，他命令两个儿子寒浇和寒豷去攻打夏朝，并占领了夏朝的都城商丘。夏朝君主姒相被杀，十二部落死伤惨重，纷纷逃亡。

姒相的妻子缗得知丈夫被杀时，已有六个月的身孕，无可奈何之下她只好随着逃亡的人群，从城墙底下的臭水沟爬出，逃往娘家有仍氏部落，并在次年生下了儿子少康。

II

少康是遗腹子，而寒浞父子一直以为姒相无子，所以也就放松了警惕。

少康从小就听母亲给他讲姒姓夏后氏的故事。长大后，他一边借做牧正（管理牲畜的官员）学习作战本领，一边暗暗发誓要夺回夏朝。

寒浞在听说了少康的消息后，为了斩草除根，派长子寒浇对其进行追杀。幸而少康提前得知消息，在寒浇到达有仍氏部落前逃走了。

少康带着几个随从一路逃亡，逃到了有虞氏，做了一名庖正（掌管饮食的官员）。

在做庖正期间，少康发现粮食放久了，生成的汁水反而味道甘美。受此启发，他发明了原始的酿酒术，成了酿酒业的始祖，“杜康酒”便由此而来。

少康虽然在有虞氏隐姓埋名，且为人处世也低调谨慎，但还是被有虞氏的君主发现了。

有虞氏的君主见他仪表堂堂，文才武略样样精通，且有夏朝皇室的身份，觉得他前途远大，便将两个女儿嫁给了他。

有虞氏君主非常器重他，不仅赏赐他纶邑良田十顷，还给了他五百名士兵，并把纶邑交给他管理。

然而，少康并不满足于做纶邑之主，更不满足于有良田十顷，士兵五百。他有更大的抱负，那就是复国，他要夺回被寒浞父子侵占的夏朝领地。

于是，他将纶邑作为根据地，一边在纶邑和有虞氏部落招兵买马，建立自己的军队，一边用各种方式与逃亡的夏朝旧臣联系。

慢慢地，逃亡到有鬲氏部落的夏朝遗臣伯靡，以及那些被寒浞父子逼得四处逃散的斟鄩氏、斟灌氏的族人也都赶了过来。

纶邑俨然成了夏朝的小朝廷。

少康信心大增，为了表达自己"复国"的决心，他将自己的军队称为"复国大军"。然而，"复国大军"虽已建立，他却迟迟没有行动，因为相比寒家父子的兵力，他的"复国大军"还是弱不禁风。

寒浞虽然年老体衰，不足为患，他却有两个力大无穷、勇猛善战的儿子寒浇和寒豷。

　　寒浇和寒豷是寒浞和妻子姜蠡之子，而姜蠡是九黎族蚩尤的后人，不仅身强体健，而且武艺高强，而两个儿子也都继承了母亲的武艺。

　　寒浞父子在夺得夏朝政权后，寒浇被封为过王，封地在过邑；寒豷被封为戈王，封地在戈邑。

　　对于寒浇，少康并不陌生。他常听人说，寒浇豹头狼眼，虎背熊腰，凡是听到他名字的人，无不胆战心惊。而且，在少康很小的时候，母亲缗无数次和他说起，如果当年不是寒浇灭掉了夏朝的两大家族——斟灌氏和斟鄩氏，让夏朝失去了两大支柱，夏朝的都城是攻不破的，而夏朝都城不破，他的父亲姒相也不会死。

　　当然，从别人嘴里听来的寒浇虽然很可怕，但对少康来说，也只是传说中的人物，毕竟从未谋面。他在有仍氏部落被寒浇追杀而狼狈逃窜时，虽然还是没有见过寒浇的真容，却早已领教了对方的厉害。

　　如今，虽然寒浇只是一个封地在过邑的过王，但因为寒浞的信任，他已经开始称霸九州，统辖九州事务了。

因而，少康觉得若想"灭寒复夏"，就必须先把寒浇除掉。寒浞和他的两个儿子在夺权时，采取的就是各个击破的方式。如今，自己若想灭掉寒浞父子，也必须要各个击破。特别是寒浇，因为寒浇是寒浞的臂膀，一旦杀了寒浇，寒浞就会像那失去了翅膀的苍鹰，再怎么厉害也飞不上天了。

可要想除掉寒浇，又谈何容易？

Ⅲ

女艾被选定为刺客，很是偶然。

女艾原是甘肃天水人，出生日期不详。她能来少康身边做侍女，是因为她的父亲。女艾的父亲曾是少康的部下。不过在她年少时，父母就先后去世了，少康的夫人看她可怜，便收留了她。因而，她先是做了少康夫人身边的侍女，后来因机灵懂事，又被派到了少康的身边。

虽然身份低微，但女艾因为常年侍奉在少康身边而知道了很多事。主人为了复国的事整日愁眉不展，女艾全看在了眼里。她也想替他分担烦恼，因为他不仅体恤士卒，还深受纶邑百姓的爱戴。

幼时的经历让少康很体恤民间疾苦，他对部下很好，不仅时常和部下一起习武、狩猎，还时常给他们宣讲祖先禹的功德。因而部下都很拥戴他，支持他"复夏"。

少康每次宣讲禹的功德时，女艾都听得聚精会神，她也希望自己有朝一日，能为少康的"复夏"出一份力。可自己毕竟只是一个奴仆，又能为"复夏"做点什么呢？

不过，世界上的事情就是这样，看似不可能的事，很快就变成了可能。

有一天，女艾在为少康献茶时，听到少康和伯靡在谈论寒浇。伯靡说，刺杀寒浇看来是不可能的事，因为寒浇不仅武功盖世，而且极其机警，根本无法近身。他派出去的那些刺客，不是被杀，就是刚到过邑便被对方察觉。

那天，少康和伯靡谈了很久，而女艾在旁边也倾听了很久。当晚，她做了个梦，梦到自己去刺杀寒浇了。

醒来后的女艾吓了一跳，看到窗外明月高悬，她辗转反侧无法入睡，竟鬼使神差地去了花园，在花园里遇到了为除掉寒浇而夜不能眠的少康。

女艾当时并不知道，这个月明之夜，会成为她一生中最关键的转折。她更不会知道，这一刻，不仅改变了她的命运，而且改变了历史，让她成了历史上第一个女间谍。

女艾没想到，当她朝主人走去的时候，少康正无助地仰头向明月求助，要明月赐给他一个除掉寒浇的好办法。

女艾就这么悄无声息地出现在了少康的身后。

女艾的突然出现，先是让少康一惊，接着便是一喜。他觉得女艾既然能悄悄走到他的身边而他竟毫无察觉，那么如果女艾手持利刃刺向他的话，他很可能会被刺中，甚至可能死在她的手中。而如果把他换作寒浇，那么，死的不就是寒浇了吗？

当然，那时候的少康一心想的只是派一个女刺客，并未想过派女艾去，毕竟女艾手无缚鸡之力，只是一名侍女。

其实，在当时寻找一名女刺客并不困难，因为那时候，少康的"复国大军"中就有这样的人。

在殷商之前，女性的社会地位和男性差别不大。也就是说，在夏朝，当时的女性不仅承担着生育的职责，而且在必要时还要像男人一样加入行伍。寒浞的妻子姜蟊就经常率兵出征，而她的武艺还远远强于寒浞。

遗憾的是，虽然"复国大军"中女兵不少，少康和伯靡却发现，"复国大军"中的女兵由于经常舞枪弄棒，像男人一样出征打仗，所以从身形、体态上很容易看出破绽。这样的女人做刺客，和男刺客又有什么区别呢？

IV

少康和伯靡关于女刺客的谈话，被女艾无意中听到了。

原本女艾觉得这件事和自己毫无关系。因为刺客对于一个侍女来说太陌生了，陌生得令她害怕。可当她听说，寒浞父子依然没有打消斩草除根的想法，寒浇也依然在派人搜寻少康时，女艾开始悄悄地关注起了"复国大军"中的女兵。

因为她觉得，作为少康身边的侍女，她有责任在主人面临危险时挺身而出。可自己手无缚鸡之力，刺杀主人的刺客来了，她又要如何应对？如何保护主人呢？

抱着这个想法，她向少康提出，她要和"复国大军"中的女兵一样参加训练，她要在少康遇到危险时，保护他的安全。

少康听说她想习武，要和女兵们一起训练的原因后，哈哈大笑起来，说他身边有的是侍卫，用不着她保护。但几天后，他不仅答应她习武，而且告诉她，她不必和那些女兵学，他会亲自教她。

自己的主人教自己学武，女艾自然受宠若惊，但同时又有些疑惑，虽然少康平素对她们这些下人都不错，可毕竟是主仆有别。当然，更让她疑惑的是，少康称此事不能和任何人提起。

这是秘密！少康说。至于为什么是秘密，少康没有说，女艾也没有问。

不该说的一句都不能说，不该问的一句也不能问。这是做仆人最起码的要求。因而，虽然满腹疑团，女艾还是保守着这个秘密。表面上，她依然是那个对主人忠贞不贰的侍女，可私底下，她还是主人少康的徒弟。

少康亲自教女艾习武，是想将她训练成刺客。

因为看起来手无缚鸡之力的女艾，当她接近寒浇时，寒浇肯定不会防备。

当然，女艾只能是看起来手无缚鸡之力，而实际上，她不仅要学会舞刀弄剑，而且要懂得隐藏自己。

少康觉得，男刺客可以不用隐藏自己，直接对目标雷霆出击，可女刺客不同，女刺客一定要先学会隐藏自己，取得被刺杀对象的信任，然后再瞅准机会出击。因而，他必须教会女艾如何隐藏自己，而若想很好地隐藏自己，就必须让她掌握各种技能。

为了隐藏自己而不断学习，这是少康在为了躲避寒浞父子的追杀而不断变换身份、隐藏自己的过程中总结出来的教训。

此后，白天他会在约定的时间教女艾读书、识字。晚上又会在约定的时间教她舞刀弄枪……不仅如此，少康还会教她烹饪和医术。

女艾没有问过为什么要学这些，她只知道，少康教的，她就要学，而且一定要学好。至于学会以后会派她去做什么并不重要，因为对她来说，她只需听候主人的安排。

第二章

间谍女艾

V

中国第一部兵书，即姜子牙的《六韬》中，有这么一句话："游士八人，主伺奸候变，开阖人情，观敌之意，以为间谍。"意思是说，战争开始前，选派八名"游士"到敌人那里去侦察、搜集政情资讯和社会舆情，了解敌人的真实意图，进行间谍活动。

从《六韬》一书中可看出，间谍活动在战争中的重要性。姜子牙是周朝人，但中国历史记载最早的间谍活动发生在少康复国时期，而最早的间谍就是女艾。

少康最初训练女艾时，只是想让她刺杀寒浇，也就是说，是当作刺客进行训练的。不过，在训练过程中，女艾的聪明和机警让少康对她又抱有特别的期待，那就是从寒浇那里探听一些消息。

搜集敌人的兵力部署以及当地的社会舆情，是少康复国大计里非常重要的一环。少康原本是将刺杀寒浇和探听敌方消息分开策划的，计划分别派不同的人去执行。只是女艾的出现，让少康突然决定，对于女艾的训练，不仅仅是让她成为一名刺客，还要让她肩负起探听敌人情报的重任。或者说，对于刺杀寒浇，少康也不知道成功的把握有多大，如果无法刺杀寒浇，那么能探听到寒浇的重要军事情报也未尝不可。因而，少康开始有针对性地对女艾进行全面训练，以便让她在具备探听情报能力的同时，在有绝佳机会时，也具备刺杀寒浇的能力。

也就是说，少康想要让女艾成为刺向寒浇心脏的一把尖刀。

当然，少康的这些想法，女艾并不知道；她只是努力地跟着少康习武，教她什么就学什么。时间久了，女艾开始逐渐意识到，少康并不是仅仅将她当作一个侍卫来训练。

对于学成之后的计划，女艾曾几次想开口询问，可最终还是没有问。直到三年训练结束，少康觉得她已经具备了刺探情报、刺杀寒浇的能力后才告诉她将要执行的任务：潜伏在过邑，刺杀寒浇并探听过邑各方面的情报。

如果这些话少康在三年前对女艾说起，女艾肯定会吓得魂飞魄散，并忙不迭地拒绝。原因不是她怕死，而是她觉得这件事责任重大，她根本无法完成。此时，女艾听少康说完，虽然略感吃惊，却爽快地答应了。因为这时候的她，已经不再是少康身边的侍女，而是变成了一名战士。但是，和复国大军中那些女兵不同的是，她的战场在过邑。

三年的训练，让女艾有了脱胎换骨的变化。

虽然她看起来依然和过去一样温顺，可她的眼神里多了一丝凌厉和机警。当然，这种凌厉和机警，稍纵即逝。

VI

百姓是水，统治者是舟，水能载舟，亦能覆舟。对于统治者来说，获得百姓的支持很重要。因而，对于社会舆情的了解，成为判断一个国家是否气数已尽的重要手段。对于刺杀寒浇，虽然女艾觉得那就像上天摘明月一样遥不可及，可她依然留在了过邑。

能留在过邑已不容易，城门处对于进入过邑的外来者盘查很严。幸而女艾柔弱的外表和女性身份，让她能以逃难为借口进入城内。

探听寒浇的情况并不难，因为寒浇经常和普通百姓一起去打猎、耕种、捕鱼，所以见过寒浇，甚至和寒浇接触过的人并不少，而且对于这个和他们一起开凿人工运河，建百里防海大堤的过邑之主，百姓似乎都很拥戴。

攻打一个深受百姓爱戴的统治者，自然比攻打一个让百姓怨声载道的统治者困难得多，女艾再次感觉到了压力。

如果女艾没有受过专门的训练，没有将助少康"复夏"视为人生使命，她一定会放弃这个任务，甚至说服少康打消"复夏"的念头，因为过邑国富民强，百姓安居乐业。

但是"复夏"不仅是少康的使命，也是她的使命，因而，当得知寒浇深受过邑百姓拥戴时，她首先想的是，刺杀寒浇虽然困难，但太重要了，对"复夏"太关键了。

虽然见到寒浇并不困难，可难的是如何接近他。不仅因为寒浇外出时，身边侍从众多，还因为寒浇身材魁梧，且武艺高强。

　　寒浇身形高大，走起路来，甚至让周围的人感觉地动山摇。对于这样的人，女艾一个身材柔弱的女子，即便能靠近他，又如何刺杀得了？

　　即便如此，女艾依然没有放弃刺杀计划。她决定先偷偷潜入寒浇府中。她几次以乞讨者的身份试图接近过王府，可在距离过王府还很远时就被赶走，看来她的这个计划不可能成功了。

　　转眼间，女艾来过邑已经快一个月了，她决定改变策略，先进过王府做奴仆。可过王府里的奴仆，大多是寒浇的族人。

　　最终，女艾采用迂回的方式，先接近过王府奴仆的家人，用自己悲惨的遭遇博得奴仆家人的同情，然后用贝蚌（夏朝货币）买通过王府的管家，最终如愿进入了过王府。

　　女艾本想做寒浇的侍女，这样就有了更多刺杀的机会，可她未能如愿。别说做寒浇的侍女了，就是想做寒浇妻子、小妾的侍女，也是难以如愿。

　　过王府里的侍女都需要经过严格的筛选，对于自己身边的侍女，寒浇筛查得更严。因而，女艾虽然顺利进入了过王府，却也只能做一名洗衣工。

过王府里的奴仆等级森严。一开始，女艾只是过王府里等级最低的奴仆。因此，即便进了过王府，她依然没有接近寒浇的机会，就算是寒浇的住处她也只能望而却步。

这样的日子眨眼间过去了三个月，女艾依然找不到接近寒浇的机会。

任务毫无进展，但危险始终存在，这种危险来自晚上。

白天，女艾还可以镇定自若，因为她能控制自己的喜怒哀乐，注意自己的言行举止，但晚上她无法控制自己在梦中刺杀寒浇。这样的梦做多了，女艾逐渐意识到，自己在过王府里多待一天，就多一分危险。

女艾不怕死！从离开纶邑开始，她已经把自己从生死簿上划掉了，她觉得自己就是一个死士。

可在寒浇没死之前，她不能死，也没资格死。她必须活着，如果她死了，别说她的使命，就是少康的复国使命也很可能落空。而少康若不能完成他的复国使命，那些日日夜夜盼望重回家园的人们，也就只能四处流亡了。

当然，还有那介绍她进来的老奴仆一家人，他们的性命也都掌握在她的手里。

女艾突然意识到，自己的命已经不是自己的了，而是很多人的。为了他们，她要活着，直到寒浇死去。

可该如何保全自己呢？

女艾只能用忘掉使命的方法，忘记刺客使命！就像不曾有过使命一样！

为了使命而来的女艾，为了使命，却又不得不忘记使命！女艾觉得很可笑，可人世间的很多事就是这样，有时候为了进，就一定要先退。

VII

有心栽花花不开，无心插柳柳成荫。

女艾当初想方设法让自己进入过王府做奴仆，除了想接近寒浇，便于刺杀外，还希望能从寒浇那里探听军事情报。

然而，进入过王府之后，她根本没有机会接近寒浇，所以也就把搜集情报和刺杀寒浇之事暂时放下了，静静等待，伺机而动。

可她万万没想到，虽然无法接近寒浇，但一个探听情报的机会来了。

那是在她进入过王府四个多月后的一天，她得到了进入寒浇军营的机会——给士兵们洗衣服。

不过，虽然每周有一次进入军营取士兵脏衣服的机会，可女艾并没有搜集到什么情报。除了从她进入军营开始一直有士兵跟随外，还因为她不敢贸然行动，担心这是寒浇在考验自己。

女艾之所以会有这样的担心，全是因为对未知的恐惧。虽然她来到了过邑，也进了过王府，可她始终没有机会见到寒浇。再加上在纶邑时，很多人说起寒浇都吓得脸色苍白，这些都逐渐加深了她内心对寒浇的恐惧。

这种恐惧让她有些缩手缩脚，直到有一次偶然遇到寒浇，看到寒浇那不可一世的眼神后，她内心的恐惧反而减轻了。

寒浇眼中的不可一世，让女艾意识到，她可以大胆一点，找机会向士兵甚至将领打听些什么了。因为她知道，寒浇很自负，也很骄傲，自负骄傲到绝对不会怀疑一个进入军营收脏衣服的柔弱女子。

当然，这还不是最重要的，更令她兴奋的是，女艾觉得，她找到了寒浇的软肋。

再强大的人也是有软肋的。若能找到一个人的软肋，并对症下药，那么想除掉他就不是没有机会了。可一想到寒浇那如铁塔似的身形，她知道，杀死他的可能性很小。寒浇虽然不是豹头狼眼，也没有虎背熊腰，但在女艾看来，这样的人，即便自己拿刀砍在他的身上，最多也只能让他受伤，根本不可能置他于死地。

VIII

女艾十分珍惜每一次进入寒浇军营的机会。

一旦进入军营，她就会迅速拿出不同的方式应对不同的人。遇到士兵，她就是个什么都不懂、什么都好奇的小女孩，不断地向军营里的士兵们问东问西，逗得士兵们哈哈大笑；遇到将领，她又变成了个风情万种的女人，让那些将领们神魂颠倒，然后套出一些话来……她经常需要贿赂的是那些守卫，她时常会以各种名目，给他们一些小恩小惠。

　　女艾做得很巧妙，她很快就成了军营里最受欢迎的人。时间一长，她还能趁收脏衣服的机会，让跟随她的士兵带她云军营各处转转。

　　每次从军营回来，女艾都会用文字加蹩脚的图画，向纶邑的少康传递情报。

　　此后，女艾又开始设法接近寒浇的妻妾。

　　刺杀寒浇就要接近寒浇，可女艾知道，自己很难接近他。既然无法接近寒浇，那就只能先设法接近他身边的人。无疑，没有比寒浇的妻妾更好的选择了。

　　学会的技艺越多，机会也就越多。这是少康告诉她的。确实如此，做过庖正的少康曾教她做美食，这给了她接近寒浇妻子的机会。

　　女艾的美食做得不错，很快就让寒浇的妻子倍生好感。慢慢地，女艾有了进入寒浇妻子住所的机会。

　　女艾通过对寒浇妻子居所的观察以及和寒浇妻子闲聊，了解到寒浇的一些生活习惯。而正是这些发现，对她最后的刺杀行动提供了很大帮助。有一次，女艾还从寒浇的妻子与一个侍从的对话里，听说了寒浇准备攻打有虞氏部落的事，并在一个深夜潜入营地，探听到了寒浇和几名将领针对有虞氏部落所做的兵力部署。

那是女艾来到过邑后，给少康提供的最有价值的情报。也正是因为她的那份情报，让有虞氏部落避免了灭族之灾。

随后，女艾又将各种各样的情报源源不断地传递给少康。自此，原本处于死局状态的复夏大计，因为有了女艾的情报而重新复活了。

第三章
刺客女艾

IX

在获悉了寒浇的兵力部署且又做了一番周密安排后，少康便率领他的"复国大军"悄悄出发了。

在少康离开的那段时间，女艾很是焦虑。一方面，她为即将到来的"复国大战"而激动不已；另一方面，她又为自己是否能刺杀成功而忐忑不安。

这个有着重大历史意义的一天终于来了。好像上天也在眷顾少康，这天夜里，过邑风雨交加。

漆黑的夜色中，过邑的城墙外隐藏着少康的精锐部队。城墙内的过王府中，女艾则一身黑衣，消失在黑夜中。她要趁寒浇熟睡之时去刺杀寒浇。

　　寒浇清醒时，女艾是无论如何都接近不了他的，只有等他熟睡时才能下手。

　　这已经是女艾第二次实施刺杀寒浇的计划了。几个月前的一个深夜，女艾就曾潜入寒浇的卧室，由于室内异常黑暗，女艾只能凭借寒浇发出的打鼾声判断他的方位。当时，女艾用尽了平生力气的一剑，最终只让寒浇受了些轻伤。

　　寒浇没想到刺客会是个女人，所以在搜遍了整个过王府，没找到嫌疑人后，便以为刺客已经逃了出去。

　　之后，过邑城门的搜查更严格了，而寒浇睡觉时也穿上了铠甲。

　　那次刺杀失败，女艾虽有遗憾，却也不是没有思想准备，但少康对刺杀寒浇的计划已经失去了信心。他指示女艾，放弃刺杀计划，作为内应协助复国大军攻城。

　　少康的计划是，既然无法刺杀寒浇，那就在他熟睡时，趁着夜色攻城。

　　女艾答应了，却并不甘心，她决定在复国大军攻城前再次刺杀寒浇。如果刺杀成功，她就发信号给城门外埋伏的复国大军；如果刺杀不成功，她就借寒浇搜查刺客时，尽量拖住寒浇，协助复国大军攻城。

总之，无论女艾刺杀寒浇成功与否，这天夜里都要攻城。

虽然少康对刺杀寒浇已经不再抱有期望，但女艾还是希望自己能够完成这个使命，即使献出自己的生命。

为了刺杀成功，女艾总结了上次刺杀失败的教训，通过反复推敲和模拟，设计出了另一套刺杀计划。

对付非常之人，必须用非常之手段。要杀寒浇，女艾需要另辟蹊径。

X

少康率领的复国大军精锐部队到达过邑城外并隐藏起来时，女艾也从寒浇的妻子那里得知，寒浇去了女歧的住处。

女歧原是寒浇的嫂子，长得很漂亮。在寒浇的哥哥去世后，寒浇便经常以让女歧给自己缝补衣服为由去找女歧，天长日久，两个人便有了私情。

女艾进入女歧的住所并不困难，因为有风雨的掩护，所以她很快就潜入了寒浇和女歧的室内。借着一道闪电的亮光，女艾举刀朝着寒浇的腿部砍去。

寒浇自上次遭遇刺杀后，睡觉时也会穿着铠甲，所以女艾决定砍他没有保护的腿部。寒浇力气很大，且善于奔跑，如果想要让他失去奔跑能力，就必须砍上至少两刀，这样即便不能杀死寒浇，也能让他难以逃脱。

可很多时候，再好的计划，也有失算的时候。就在女艾准备砍下第二刀时，疼痛难忍的寒浇从床上翻身跃起，转身逃出了屋子。

女艾挥刀杀死了失声惊叫的女歧后，也转身追了出去，最终在一片树林里发现了倒在地上的寒浇，并砍下了他的头颅。

当然，女艾能顺利砍下寒浇的头，是因为她还有个好帮手。

那是一条猎犬，是女艾对付寒浇的"非常手段"，是她亲自驯养的猎犬。

驯养猎犬那段时间，女艾有种感觉，觉得自己变成了少康，而猎犬变成了自己。为了复国，少康悉心训练她，让她变成了刺向敌人心脏的尖刀；为了刺杀寒浇，她又驯养了猎犬，让猎犬成为刺向敌人咽喉的利刃。

猎犬没有让她失望，如同之前训练的那样，将腿部受伤的寒浇扑倒在了树林里，并拼命撕咬着，这才让女艾赶上了寒浇。她毫不犹豫一刀砍向了寒浇的颈项。

那刀是女艾精心打磨过的，异常锋利，寒浇就这样丢掉了性命。

刺杀寒浇的过程，女艾在之后的日子里反复回想。她想，自己并不是一名出色的刺客，虽然她成功地刺杀了寒浇，但促成她这次成功的因素有很多。除了猎犬外，还因为那天的天气。如果不是风雨交加，她很可能会失败，因为寒浇受伤跑出去后，曾大喊"有刺客"，可因为风雨声，他的叫喊声被淹没了。

当然，寒浇的自负也为自己埋下了祸根。

正是因为寒浇的自负，让他在遭遇了第一次刺杀后，依然没有在门外安排守卫。

女艾砍下寒浇的头颅后，先是点燃了一处房子为城外的少康发出攻城信号，随后提着寒浇的头颅冲向了城门口。

在风雨的掩护下，守城的士兵们被少康的复国大军打了个措手不及。最终，在忙乱中反抗的守城士兵见到女艾手里提着还在滴着血的寒浇的头颅时，不免大惊失色，随后纷纷放弃了抵抗。

少康在占领过邑后，又派长子杼领兵攻打了寒浞另一个儿子寒豷的封地戈邑。

由于过邑失守，寒浇被杀，所以寒豷和驻守戈邑的士兵们很快就失去了继续抵抗下去的信心，没多久就败下阵来。戈邑被杼占领后，寒豷也被剁成了肉酱。

见两个儿子先后惨死，年老体衰的寒浞只好放弃了反抗，躲在深宫闭门不出。

寒浞的部下见大势已去，纷纷倒戈。为了戴罪立功，一些叛逃的将领抓住了寒浞，把他交给了少康。很快，寒浞被凌迟处死。

寒浞父子被杀身亡，让控制中原近百年的东夷有穷氏部落彻底覆灭，也标志着历史上四十年"无王时期"的结束……

第四章

少康复国

XI

四十岁的少康复夏，都城设在纶邑。

夏朝，本在姒相时就灭亡了，可因为神奇的女艾，姒相的儿子少康让衰亡了四十年的夏朝重新崛起了……

做了夏朝国君的少康，重赏"复国之战"中的有功将士，女艾位列其中。少康赐官给女艾，但她拒绝了。

之后，女艾就离开了，至于她去了哪里，则没有人知道。而她"刺杀寒浇"的故事，也随着时间的流逝，随着"少宸中兴"时代的到来，如一缕轻烟，消失不见了。

不过，像"少康复国"如此重大的历史事件，还是被历史记载了下来，被人们代代传诵。然而，对于女艾，《左传·哀公元年》里，仅用了"使女艾谍浇"五个字一笔带过，且连那五个字，也只是为了彰显少康在复夏之战中的谋略。

虽然时间会淡化女艾在少康复国之战中的功绩，但她临危受命、将生死置之度外，深入虎穴刺杀寒浇、搜集情报的义举，以及她在那场复国之战中发挥的巨大作用，还是毋庸置疑的。

其实，对于女艾的身份，历史上有两种不同的说法：一种说她是少康的侍女；另一种则说她是少康麾下的将军，坚持这种说法的人觉得，一名侍女无论如何不可能完成那么艰巨的任务。

可实际上，当一名侍女经过训练，特别是经过极具针对性的训练后，自然要比女将军更适合潜伏、刺杀及搜集情报等任务。不管女艾之前的身份是什么，有一点是可以确定的，那就是自此之后，人们逐渐意识到间谍在战争中的作用，因而间谍也就成了战争中必不可少的秘密武器。换句话说，正是女艾开启了历史上间谍战的先河。

然而，因为间谍而兴的夏朝，最终却也因为间谍而亡。而推动夏朝亡国的间谍，也是一个女人……

有施妹喜
灭夏扶商

当然，此时的妹喜并未意识到，夏桀的奢侈无度是她可以加以利用的，直至贤臣关龙逢对夏桀的劝谏，以及夏桀因为关龙逢的劝谏而对其日益反感……

第一章

贡品妹喜

I

少康恢复了对已衰落四十余年的夏朝的统治，开创了"少康中兴"时代。此后，夏朝进入了一段辉煌的时期，历经十一位帝王，享国 300 多年。

在这 300 多年间，虽然从少康复国后的第九位帝王夏孔甲时起，几位帝王都因不思朝政、沉迷狩猎而使国力有所损耗，而周边一些部落、王国趁机崛起，不断撼动着夏朝的统治根基，但夏朝依旧屹立不倒，直到最后一位帝王夏桀的出现。

夏朝君主夏发去世后，他的儿子夏桀继位。夏桀文武兼备，理应成为一位好国君，但他整日痴涵于淫乐，不理朝政，导致百姓怨声载道，国内矛盾日趋尖锐。

37

面对这种情况，生性残暴的夏桀开始对内实施镇压，而他的镇压，不仅没有缓和矛盾，反而加剧了百姓对他的痛恨。百姓的日益不满，让周边那些曾经称臣纳贡的部落发觉了夏朝的衰落，开始寻找各种理由拒绝纳贡。为了转移内部矛盾，同时为了压制周边部落，夏桀开始不断对外征伐。

当然，大多数情况下，他只要叫嚣着要出兵，那些部落便会忙不迭地俯首称臣，匆匆献上贡品。可凡事都有例外，东夷的有施部落，在他叫嚣着要出兵时，依旧没有及时献上贡品，这让夏桀大怒不已，于是下令出兵攻打有施部落。

有施部落是"喜"姓族人，部众不多，就拒绝纳贡一事，其中有些曲折。几年间，夏朝无论丰年还是灾年，都会照例增加他们的贡赋。老酋长健在时，族人们虽然常有怨言，但碍于他的威望，只好忍气吞声。老酋长死后，新任酋长年轻气盛，对夏朝久已不满，当听说其他部落已经拒绝向夏朝纳贡的消息后，立即带领族人响应。

新酋长的做法，无疑是为了笼络人心。中国上古时期的部落首领，都是通过博施利民来收罗人心从而登上首领之位的。也就是说，要想地位稳固，首领们就要不断布施恩泽，惠及民众。而有施部落的新酋长因为资历较浅，为了获取族人的支持，便想借拒绝纳贡来笼络人心，结果惹祸上身，面临被灭族的危险。

不过，新酋长虽然年轻，却也明白如果和敌人硬拼，无异于鸡蛋碰石头。他知道自己承担不了被灭族的后果。

为了避免战争，新酋长主动向夏桀求和。夏桀却不为所动，称若要避祸，除了答应每年缴纳两倍的贡赋外，还要把他的头砍下来谢罪。

如果只是索要两倍的贡赋，为了保住宗族，新酋长尚可以考虑妥协，可夏桀执意要杀他泄愤，显然是打定了主意要灭掉有施部落。其实并非夏朝和有施部落的仇怨难以化解，而是随着越来越多的部落开始不断反抗夏朝的暴政，夏桀决定杀鸡儆猴，而势单力薄的有施部落无疑是最佳选择。

正当新酋长不知所措时，有人向他建议说，夏朝君主好色，也许献上几个美女可以改变他的想法。

不过，当新酋长将有施部落的四位美女献出时，夏桀却连正眼都没看一下。

就在有施部落的新酋长和族人陷入绝望之际，一个倩影走上前去，说她有信心说服夏桀退兵……

这个人就是妹喜。

II

妹喜是有施部落里最美丽的女子，也是有施部落的公主，新酋长的妹妹。

妹喜有多美，有诗云："有施妹喜，眉目清兮。妆霓彩衣，袅娜飞兮。晶莹雨露，人之怜兮。"

凡是见到妹喜的人，无不以为是仙女下凡。因而在她到了嫁人的年纪时，有施部落的年轻男子，个个摩拳擦掌，都想要娶她为妻。而新酋长之所以在进献美女时，没有献出自己的妹妹，除了忌惮夏桀贪财好色、残暴不仁外，还因为妹喜已经许配了人家。

先秦时期，部落间会通过联姻来实现结盟。有施部落是个小部落，自然也免不了要和其他部落结盟。因而在妹喜的父亲还健在时，便将她许配给了邻近部落一个酋长的儿子，只等秋季迎娶过门。

有施部落被重兵围困，她未来夫婿的部落也派兵来援助，无奈两个部落力量单薄，仍然无法与夏朝抗衡。

虽然即将面临被灭族，可当妹喜主动提出将自己进献给夏桀时，不管是她的哥哥还是她未来的夫婿，都坚决反对。特别是她未来的夫婿，认为自己即将过门的美丽妻子，怎么能去做昏君的玩物呢？

妹喜未来的夫婿说，他愿意和有施部落的族人一起，与夏桀同归于尽，却被妹喜阻止了。妹喜说，如果他去拼命，两个部落的族人都将难以幸免。即便族人都不怕死，情愿和敌人去拼命，但除非自杀，否则依然会被掳去，沦为夏桀的玩物。既然如此，还不如主动将自己献出去，这样不仅可以保全两个部落，还可以让有施部落以后尽量少受夏朝的欺凌。

不管怎样，都要保全族人！这时候的妹喜，完全不似一个柔弱的公主，倒更像一名赴死的勇士。

妹喜在族人面临生死存亡的关键时刻所做的选择，让有施部落的所有人为之震惊，当然，更多的是钦佩。

就这样，妹喜被当成"贡品"献给了夏桀。

妹喜的出现，让原本打定主意要血洗有施部落的夏桀，瞬间改变了主意。妹喜的美貌，让夏桀宫中的美女们黯然失色。至此，有施部落的灾难终于化解了，夏桀还主动减少了有施部落的贡赋，理由是有施部落进献美人有功。

就这样，有施部落的公主妹喜离开了她的部落，跟着夏桀去了斟鄩。

妹喜没有告诉哥哥和族人，她主动将自己献给敌人，其实是想趁机杀了昏君夏桀。

妹喜痛恨夏桀，不仅因为夏桀使她失去了如意郎君，让她骨肉分离、背井离乡，更是因为一直以来，夏朝对有施部落的欺凌。

妹喜心中的这个想法已经存在很久了。在有施部落被不断加重贡赋时，妹喜就产生了这个念头。而当夏桀率兵围困有施部落时，妹喜的这种渴望也更加强烈了。虽然她的力量和武艺与夏桀相差悬殊，但她觉得自己一定能找到刺杀机会。

换句话说，妹喜是带着复仇之心来到了夏桀身边的。

第二章

妹喜魅惑夏桀

III

　　妹喜很快就成了夏桀的宠妃。

　　夏桀自第一眼看到妹喜，便对她着了迷。不过，让夏桀始料不及的是，妹喜不仅有绝世的容貌、超凡脱俗的气质，而且性格与众不同。

　　妹喜的与众不同首先表现在服饰上，她时而将自己打扮成娇滴滴的美娇娘，美目流盼，风姿绰约；时而又腰佩利剑，头戴宝冠，活脱脱一个俊秀武士。

　　夏桀宫中的美人不少，他却从未见过这样的百变女郎，顿时被迷得神魂颠倒。

　　当然，妹喜刚开始佩剑戴冠，扮成武士时，并不是刻意为了讨好夏桀，而是真的想做一名武士，因为她一心想要刺杀夏桀。而装扮成武士，就可以利用手中的利剑，找机会行刺夏桀。

可很快妹喜就发现自己的打算简直就是痴心妄想。一方面，夏桀身边侍卫众多；另一方面夏桀极为谨慎，在她第一次扮成武士时，夏桀就因为担心她被刀剑所伤，让人为她雕刻了木质刀剑。

扮成武士刺杀没有机会，那就等他熟睡时吧。可很快妹喜发现，想在夏桀熟睡时杀死他，同样难于登天。因为夏桀虽然荒淫无度、暴虐不仁，却武艺超群、力大无比。据说，夏桀还曾赤手空拳打死过虎豹。

妹喜没有见过夏桀赤手空拳打死虎豹，却亲眼看到他轻松地将一根铜棒一会儿折弯，一会儿拉直。更可怕的是，夏桀睡觉时，一只眼睛是睁着的。因而，别说让妹喜在夏桀睡熟后刺杀他，就是看着夏桀，她也会害怕得发抖。

当妹喜意识到自己的计划根本无法实现后，她深受打击，整日心事重重，闷闷不乐。

妹喜的心事夏桀自然不知道，但见自己抢来的美人整日郁郁寡欢，便问她为什么不开心。

妹喜只好随意一指宫殿说，这宫殿太陈旧了，她不喜欢。夏桀当了真，为了讨美人欢心，他大兴土木，建造宫殿。

夏桀建造的宫殿有多豪华呢？据传说，宫殿的琼室瑶台全由珍贵的玉石修筑。宫殿里，仅黄金铸成的柱子就有九根。

当然，此时的妹喜并未意识到，夏桀的奢侈无度是她可以加以利用的，直至贤臣关龙逄对夏桀的劝谏，以及夏桀因为关龙逄的劝谏而对其日益反感，妹喜才恍然大悟。

豪华宫殿建成后，夏桀越发不理朝政，他整日与妹喜饮酒作乐。贤臣关龙逄实在忍无可忍，几次上书劝谏。

关龙逄是夏桀的父亲夏发时期的相。夏朝之所以在夏发时期还算强盛，与关龙逄这位良相有很大关系。

可沉湎于酒色中的夏桀，根本听不进关龙逄的劝谏。无意中，妹喜听说关龙逄在劝谏时对夏桀说，如果他继续宠溺妹喜的话，很可能导致亡国。

让夏朝灭亡，之前妹喜从来没有这么想过，她只是一心想要杀死夏桀，因为夏桀欺凌她的族人，还要血洗她的部落，最后逼得她不得不背井离乡。可关龙逄的话让她心里顿时一喜，她想，既然凭自己的力量杀不了夏桀，那何不借他人之手为自己报仇？如果关龙逢的话是真的，那么让夏桀亡国，似乎比杀死夏桀还要容易，因为只需让夏桀继续宠溺她，不理朝政就可以了。

IV

从此，妹喜的目标从刺杀夏桀变成了让夏朝灭亡。

为了达到目的，妹喜使出浑身解数，让夏桀终日沉湎于酒色。当然，只让他沉湎于酒色，夏朝的亡国之路还是太过漫长，她还必须让民众对夏桀失望、愤怒。为此，妹喜有一天撒娇说，自己最喜欢听绸缎撕裂的声音，那声音听起来比美妙的音乐还好听。

妹喜边说边将自己用绸缎做成的衣服撕碎。妹喜撕绸缎的时候，样子虽然任性，却也更显妩媚。夏桀看得神魂颠倒，赶紧命人从国库里搬出了所有绸缎。

妹喜撕累了，夏桀就让宫女们继续撕给妹喜听。

那时候的绸缎制作工艺很复杂，所以是紧缺之物。可为了让妹喜高兴，夏桀不仅将国库里的绸缎都搬了出来，还不断地催促加紧制造，为此，很多人因为日夜劳作而累倒了。

夏桀和妹喜的挥霍无度，让百姓怨声载道。

百姓的怨气越大，夏朝灭亡得就越快。既然挥霍无度可以加速夏朝的灭亡，那就继续挥霍。而对夏桀来说，只要能让妹喜高兴，哪管百姓有没有怨言。因而，当妹喜告诉他，美酒一杯一杯喝不过瘾时，夏桀就让朝臣出主意，佞臣赵梁说，可以建造一个美酒池塘，再造一只舟，这样夏桀就可以和妹喜坐在舟上，一边在酒里荡舟，一边享用美酒。

妹喜一听，拍手称快。见妹喜高兴，夏桀急忙命人建造池塘，然后往里面装满了美酒。

妹喜说只有他们两个人喝不刺激，夏桀就又召集了三千壮士，将整个池子里的酒喝光。看着醉得东倒西歪的众人，夏桀和妹喜哈哈大笑。

夏桀和妹喜的荒唐行径引起了朝中一些贤臣的不满。

亲佞臣、远贤臣的君王必定灭亡，妹喜明白这一点，因而她又开始离间夏桀和贤臣的关系，说他们对夏桀不忠，有忤逆之罪。那时候的夏桀，对妹喜可谓言听计从，因而根本不加调查。慢慢地，贤臣们走的走，死的死，所剩无几。

让夏桀远离贤臣还不够，妹喜又开始极力向夏桀举荐佞臣赵梁。赵梁毫无政治才能，最擅长溜须拍马。对于这样的人，妹喜并不喜欢。可为了迷惑夏桀，她便不断地在他面前诉说赵梁如何如何忠诚，如何如何可靠。而那赵梁，见妹喜大力举荐自己，自然也就越发感激妹喜。见妹喜喜欢玩乐，他就挖空心思地寻找各种刺激的游戏。

其中有一个游戏就是在街道上投放饿虎，然后让夏桀和妹喜看路上行人惊慌失措的样子以取乐。

惊慌逃窜的行人，饿虎吃人的样子，惹得妹喜惊叫连连，夏桀大叹刺激。

面对恶虎吃人，妹喜心中虽不忍，可她知道，游戏越残忍，越能展现出夏桀的凶残暴虐；而夏桀越凶残暴虐，百姓也就会越愤怒；百姓越愤怒，夏朝就会越快灭亡。这样导致的结果，就是百姓对妹喜和夏桀日益加深的诅咒和痛骂。

而为了惩戒那些日益不满的百姓，夏桀开始疯狂地创制各种酷刑，据传说，其中一种刑法叫"炮烙"。

"炮烙"就是在熊熊燃烧的炭火上放一根涂满膏油的铜柱，

然后让被抓来的百姓赤脚走在铜柱上。铜柱很光滑，根本无法站稳，因而那些百姓很快便会失足跌入炭火中。

每次看完酷刑，妹喜都会做噩梦。在看过几次后，妹喜就找借口不参加了。

不过，她却提议让关龙逄陪同，说可以借机测试关龙逄对夏桀的忠诚。夏桀同意了。

夏桀一边兴致勃勃地观看"炮烙"之刑，一边询问关龙逄的看法。

关龙逄说："这是足履薄冰，危在目前。"

关龙逄的"危在目前"，并不仅仅是指那些被施以酷刑的人，也是指夏桀以及整个夏朝。

夏桀冷笑道："你只知别人危在目前，却不知自己危在目前。"

随后，夏桀以"忤逆罪"为由，将关龙逄施以"炮烙"之刑，烧成了灰烬。

其实，夏桀对关龙逄早已不满。因为关龙逄不仅屡屡在他面前陈说妹喜祸国，而且曾严厉地劝谏他，君主只有谦恭而讲究信义，节俭而又护贤才，天下才能安定，国家才能得以稳固。关龙逄还指责他奢侈无度，嗜杀成性，导致百姓都盼望他早些灭亡。可是，暴虐成性的夏桀对这些忠贞之言丝毫也听不进去。

第三章

妹喜与伊尹联手

V

夏朝名相关龙逄的死，不仅让夏朝的朝臣以及百姓对夏桀极其失望，而且让那些被迫称臣纳贡的部落蠢蠢欲动，他们都想借机讨伐夏桀，其中就有有施部落。不过，有施部落自知力量单薄，在经过一番权衡后，觉得无力兴兵讨伐，便选择继续观望，以等待时机。

大部分部落做出了和有施部落同样的选择。不过，此时有个小国不愿再继续等待，开始行动了。

这个小国就是商国。商人的始祖是曾经帮助大禹治水的契，因为治水有功而受封，封地在商邑。之后，便以"商"为部落的名称。

商部落的君主野心很大，在夏孔甲执政期间，趁着夏孔甲整日沉迷于狩猎，无暇他顾之际，商部落先后灭掉了几个诸侯国，进而成了夏朝附属国（部落）中实力最强大的一个。之后，商部落改名为商国。

夏桀时期，商国的君王名叫子履（商汤）。商汤因为有名相伊尹的辅佐，所以商国越发强大。

伊尹的出身很低贱，是商汤娶有莘氏部落酋长的女儿时陪嫁的奴隶。中国自夏朝建立后，便进入了奴隶社会。

那时候的奴隶从何而来呢？除了少部分是贫穷的百姓因为无力偿还债务而被迫卖身为奴外，大部分是从战败者那里抓来的俘虏。伊尹先是做了有莘氏部落酋长家的奴隶，后因擅长烹饪而做了有莘氏部落酋长女儿的陪嫁。

不过，虽然伊尹是奴隶，却喜欢研究历史，颇通晓尧舜之道，这一点很快被爱惜人才的商汤发现了。通过一番攀谈，商汤觉得他颇有施政才能，于是力排众议，任他为相。

夏桀的暴虐和无道，让商国看到了机会，商汤想要趁机取代夏朝。虽然夏朝的国力变得越来越弱，但在兵力上，商国依然无法与之抗衡，只好耐心等待。

名相关龙逄死后激起的民怨，让商汤觉得机会难得，便想兴兵征伐夏桀。不过，在征询伊尹的意见时，伊尹却说时机未到，还需等待。商汤问还要等到什么时候，伊尹说，要等到百姓都想让夏朝灭亡时。

商汤又问伊尹，如何才能让夏朝的百姓对夏桀不再抱有幻想，彻底失望。伊尹称，可以与妹喜结盟。

VI

商汤一心想要灭夏，伊尹作为国相必然要全力协助商汤。因而，关于夏朝的情报，伊尹在很早以前就开始关注了。在听众人说起夏桀的荒淫和奢靡全是因为妹喜时，伊尹就对妹喜的关注自然就更多了起来。

伊尹觉得妹喜可以加以利用，是因为妹喜已经不再是夏桀最宠爱的妃子了。而且在夏桀有了新宠后，妹喜出于嫉恨，曾多次陷害夏桀的新宠，致使夏桀一怒之下，将妹喜送到了洛河。

伊尹觉得，妹喜在被夏桀抛弃后，一定恨透了夏桀。这样他就可以利用妹喜对夏桀及其新宠的仇恨，让她为自己所用了。

其实，令妹喜恼恨的不是遭到了夏桀的冷落和抛弃，而是在被送到洛河后见到夏桀的机会变少了，便无法再"祸夏"了。妹喜也痛恨夏桀的新宠，因为她们的出现，打乱了她的计划。

夏桀的新宠有两位，一位叫琬，另一位叫琰。琬和琰的命运和妹喜差不多，也是作为贡品，被献给夏桀的。

琬和琰是岷山部落的人。岷山部落和当年的有施部落一样势单力薄，为了保住部落，讨好夏桀，他们献出了岷山部落最美丽的两名女子。

当琬和琰出现时，因为喜新厌旧，夏桀便冷落了妹喜。

妹喜自然不甘心就这样被冷落，她的"灭夏""除昏君"的任务还没有完成，因而，她运用种种手段对付琬和琰，最后终于惹怒了夏桀，将她幽禁在了洛河的宫殿中。

虽然身在洛河，但妹喜始终关注着夏朝的情况。她四处探听，当然也听说了各部落、诸侯国的动向。

虽然在夏朝朝臣以及百姓的眼中，妹喜是个只知魅惑君主的女人，但实际上，她一直抱着"灭夏"的志愿，经常以各种借口了解局势，因而对于商国的野心，她也早已有所耳闻。

妹喜知道，商国是所有想要讨伐夏桀的部落和小国中最有实力的一个，妹喜也听说过商国的名相伊尹。后来，当她听说，伊尹作为商国的使臣来向夏朝朝贡，被夏桀强行留下，并予以重用时，妹喜隐约感觉到了其中的蹊跷。因而，当伊尹请求拜见她时，她稍做犹豫便同意了。

妹喜在见伊尹前，已经猜到伊尹见她并不是普通的朝拜，可她还是没有想到，伊尹会找她结盟。

在那一瞬间妹喜以为自己暴露了，可当她知道，伊尹是因为觉得她被抛弃而嫉恨夏桀时，她长长地松了口气。

妹喜想过解释，但又觉得没有必要解释。对妹喜来说，只要能让夏朝灭亡，杀死夏桀，别人如何误解自己都无所谓。

就这样，妹喜和伊尹就"灭夏"结成了联盟。并且两人还进行了分工，妹喜主要从事破坏和离间活动，而伊尹则负责刺探夏朝的兵力部署。

为了方便行使离间和破坏活动，妹喜带信给夏桀，称她知错了，并表示她愿意与琬、琰和平相处，很快夏桀又派人将她接回到宫中。

妹喜回宫后不久，夏朝的民间就开始流传一首名为"江水沛沛兮，舟楫败兮。我王废兮，趣归薄兮，薄亦大兮"的民谣。民谣里的"薄"，指的就是商国的都城。大意就是说，夏朝要亡了，取代夏朝的将会是商国。

不用说，这首民谣是伊尹和妹喜命人传播出去的。当这首民谣从民间传到夏朝的朝臣那里后，有的朝臣就将这首民谣唱给了夏桀，希望夏桀能意识到问题的严重性。可夏桀依旧不为所动，还痛骂朝臣妖言惑众，甚至说，他是天子，是天上的太阳，若想让他灭亡，那就先让太阳消失吧！

那时候的夏桀，虽然整日陪在他身边的已不是妹喜，而是琬和琰，但骄奢淫逸的生活丝毫没有改变。因而，越来越多的朝臣对夏朝的未来已经不再抱有希望了。

眼见夏朝已经日薄西山，而夏桀依然荒淫奢侈。太史令终古再也无法忍耐了，在经过一番占卜，且卜出凶兆后，他哭着进谏道："自古以来的帝王，都是勤俭并爱惜百姓的劳动成果，才能得到百姓的爱戴。不能把百姓的血汗供给一个人享乐。这样奢侈无度，只有亡国了。"

终古希望通过自己的哭谏，能让夏桀幡然醒悟，可夏桀依然我行我素。

　　终古意识到夏朝将亡，便逃到了商国，投奔了商汤。

第四章

夏朝灭亡

VII

倒行逆施，亲小人，远君子，刚愎自用，听信谗言的夏桀，民众和朝臣都对他彻底失望了。而终古逃离夏朝，投奔商汤，终于让商汤觉得灭夏的时机成熟了。

伊尹也觉得灭夏的时机终于到了，因为夏朝的百姓已经开始盼望夏朝灭亡了。

夏桀曾将自己比作太阳，说除非太阳灭亡，夏朝才会灭亡。这事被妹喜知道后告诉了伊尹，伊尹又将其传到民间以试探百姓的反应，他得到的回答是："时日曷丧，予及汝偕亡！"

伊尹是个行事非常谨慎的人，在了解了夏朝百姓的态度之后，他又向商汤提议，试探"九夷之师"对夏桀的态度。

所谓"九夷"，就是夏朝周边的九个附属部落、附属国。之所以称其为"夷"，主要是因为这些地方相对偏远、落后，其中含有轻视之意。

按照计划，商汤故意迟迟不向夏朝缴纳贡赋，夏桀大怒，遂起九夷之师攻汤。见各附属国仍然听从夏桀的指挥，伊尹便对商汤说，时机未到，还需等待。于是，商汤向夏桀请罪，表示愿意继续缴纳贡赋。

为了进一步瓦解夏朝的统治，妹喜开始向各诸侯国散播谣言，说夏桀做了个奇怪的梦，梦见西方有一个太阳，而东方又出现了一个太阳。随后，两个太阳展开了生死搏斗。最终，东方的太阳胜利了，而西方的太阳陨落了。

那时候的百姓是非常迷信的，商在夏的东方，所以他们便认为这是上天的旨意，夏朝必将被商朝取代。而此时的夏朝已经是"上下相疾，心心积怨"，因而，九夷之师也有了反叛之心。

不久，伊尹再次建议商汤试探九夷之师的反应。结果当夏桀再次号令起九夷之师攻汤时，各部落再也无人响应了。

见天时、地利、人和均已齐备，伊尹建议商汤实施"剪夏"战略，先逐一剪除夏朝的羽翼——与夏朝关系密切的属国，以孤立夏桀。

于是，商汤采用蚕食的方式，经过多次战争，连续征服了葛、韦、顾、昆吾等国。见时机终于成熟，商汤突然对夏桀宣战，并在成功灭掉夏朝的三个属国后，率军进入了夏朝都城斟鄩。

从迷梦中惊醒的夏桀发现九夷之师也早已背叛了自己，知道大势已去，也无心恋战，逃到了鸣条，并最终被商军抓获。

VIII

于是，商朝取代了夏朝，建都在亳。

延续数百年的夏朝就这么灭亡了。随后，妹喜与夏桀一起被流放到了南巢。

这个昏庸无道的暴君，最终"与妹喜及诸嬖妾同舟浮海，奔于南巢之山而死"。

商汤之所以将妹喜流放，理由很简单：妹喜过于妖媚，他担心自己禁不住诱惑而走上夏桀的老路。

其实，不管妹喜的初衷是什么，她的所作所为加速了夏朝的灭亡却是显而易见的。因此，很多人把夏朝灭亡的原因归结到妹喜身上，其实这对她并不公平。对于夏朝来说，她确实是"祸水"，但对有施部落以及商国来说，客观上她却发挥了英雄的作用。

可见，"祸水"和英雄，也要看站在哪个角度评说。很多时候，所处立场不同，对一个人的评价也会有所不同。而且，有时还会得出截然相反的结论。

当然，不管妹喜结局如何，也不管她被称为"祸水"还是"英雄"，且暂时抛开她"灭夏扶商"不论，她推动了历史的进程却是毋庸置疑的。如《国语·晋语一》所言："昔夏桀伐有施，有施人以妹喜女焉。妹喜有宠，于是乎与伊尹比而亡夏。"

从女艾和妹喜对历史进程的影响来看，她们似乎都是才貌双全、胆识过人，并以此充当潜伏在敌人身边的间谍，巧施美人计，窃取情报，刺杀对方首脑人物，给敌人以致命打击。

那么是否可以就此断定，古代的女性只能借用其"女性"的特殊身份，通过影响身边的君主，进而影响朝代更迭和历史发展呢？

事实并非如此。在中国历史上，改变历史进程和发展方向、影响朝代更迭的女性还有很多，其中一些则是和男性一样，亲自走上战场，并用不断的胜利改写了女性的历史……

多面妇好
筑就『武丁中兴』

妇好如流星一般划过先秦的时空，转瞬而逝，璀璨而短暂。之后，在国与国之间、诸侯与诸侯之间的战争中，虽然也时常有大量的女性参与其中，但如妇好一般耀眼的女性从此绝迹了。

第一章

王后妇好任祭司

|

在中国历史上，先秦时期的女性在一些特殊时期，比如战乱频发时，不仅要承担起照顾家庭的责任，还要肩负起维持生产、前线供给以及军事防御、修筑工事等职责。

她们不分贫民和贵族，即便王后也需如此，而其中最著名的就是商王武丁的王后妇好。

商朝为了维护自己的统治，逐渐建立了以商王为首的贵族统治秩序，以商王为首脑，以各大贵族为辅助。因而，商朝更像是一个大家族的延伸，而商王就是这个大家族的家长，掌握着国家的统治权。

商王武丁是商朝第二十三任君主，名子昭。武丁时代，商朝正面临内忧外患。而这种忧患，在第二十任君主盘庚时就开始了。当时的商朝处在风雨飘摇中，内忧是贞人祭司集团尾大不掉，外患则是周边各诸侯虎视眈眈。

所谓贞人，就是占卜之人。当时，由于商朝对祭祀和占卜极其看重，任何国家大事都要由占卜决定，因而贞人的权力极大。

贞人集团的强大影响力，从商汤时期就已初现端倪。

伊尹作为建立商朝的大功臣，被商汤赋予了很大权力，随后便逐渐形成了伊尹集团。伊尹集团在商朝的权力体系中地位极高，拥有干政的权力，而伊尹集团中真正掌握大权的则是贞人祭司集团。商汤去世之后，贞人祭司集团的权力越发强大，商王的权力却在被慢慢边缘化。

此后，商王太甲被伊尹废除后囚禁于桐宫，商朝一度由伊尹代王施政，虽然之后伊尹又迎太甲子至复位，但贞人集团的权力越来越大，既能"格于皇天"，又能执政，商王则变成了傀儡。

除了贞人集团外，商朝周边的一些游牧部落，也时常侵扰边境，当时商王盘庚就因为疲于应付内忧外患，不得不将都城迁往殷。此后,商朝又被称为殷商。

不过,虽然盘庚用迁都来躲避游牧民族的侵扰,但那些游牧民族依然时常进犯边境,抢掠粮食和财物。

盘庚去世后,商朝又经历了局势更为危急的小辛、小乙时期。商王小乙去世后,他的儿子武丁继位。

武丁即位后,面对内有贞人集团操持权柄和无可用之人,外有周边各个部落不断向边境侵袭的复杂局面,显得无可奈何,颇有名为君主却实为孤家寡人的惆怅。

为此,他索性让冢宰(六卿之首)代政。在之后的三年间,商王武丁对朝政始终不发一言。商朝的王权旁落,朝臣都已习以为常。商王武丁一直想彻底铲除商朝存在已久的痼疾,而要治好痼疾,他必须找准病因,进而确定治疗方案。他知道旁观者清的道理,所以他选择暂时跳出权力集团,仔细审视商朝所面临的内忧外患,同时观察朝野动态,寻找治国良策。因而,三年间,他只是默默观察,对于朝政缄口不言。

在此期间,陪在商王武丁身边和他一起静静审视、帮他出谋划策的,就是他的王后妇好。

Ⅱ

妇好原是商朝北部一个部落的公主。

商朝时期，商王通常与周边部落和诸侯国联姻，以巩固与周边部落和诸侯国的关系。可以说，妇好嫁给商王武丁，属于典型的政治婚姻。虽然是政治婚姻，但婚后两人十分恩爱。

其实，妇好虽然是商王武丁的王后，却也只是他60多个妻妾中的一个。商王武丁的妻妾众多，仅王后就有18个，而妇好只是其中的一位。虽然商王武丁的王后众多，但也分为接受祭祀的和未接受祭祀的。也就是说，虽然都是王后，但接受祭祀的，就是上天已经知道的，自然比那些未接受祭祀的王后地位要高。

妇好就是接受了祭祀的王后，虽然并不是唯一的。商王武丁接受了祭祀的王后有三位，分别是妣戊、妣辛（妇好）和妣癸。

妇好原本并不姓"好"（音"子"），"好"字，是商王武丁赐给她的夫姓，而"妇"是女子嫁到夫家后的一种称谓。

既是王后，又受到君王的宠爱，妇好本可以像其他王后一样，在深宫中享尽荣华富贵。可拥有丰富学识和非凡智慧的她，并不甘于过这样的生活，她想替夫君排忧解难。

这三年里，商王武丁虽然在朝臣面前从不言政事，但在妇好面前没有一日不言政事。最终，他们意识到，要彻底打破目前内忧外患的局面，必须先解内忧。而要解内忧，又必须将权力从贞人集团的手里收回来。

然而，让商王武丁和王后妇好为难的是，即便他们顺利收回了权力，可又该如何重振朝堂？因为偌大的商朝已根本没有贤臣可用。

既然朝中无人可用，那就只能从民间寻找了。当初，商汤不就是找了个奴隶伊尹做相吗？

第四年，商王武丁开始召集朝臣议事，而他第一次议政，竟然是说他的一个梦。他说他做了个梦，梦见一位圣人对他说，商朝若想振兴，必要"说为相"。换句话说，商朝的相将是一位叫"说"的人。

商王武丁不仅说出了名字，还描述了梦中之人的容貌。

朝臣中有没有叫"说"的呢？或者说，有没有长得像"说"的？商王武丁煞有介事地在朝臣中仔细寻找，但并没有找到。

　　既然是上天的指示，那自然有这么一个人；既然朝臣中没有，那就只好去民间寻找了。

　　寻找梦中人，听起来很荒唐，然而，在商朝是很正常的事。因为商人迷信鬼神，崇尚天命。他们认为，人世间的一切都取决于上天、神灵和祖先。因而，对于寻找君王梦中的"说"，朝臣们都很重视，甚至觉得这是关乎国家命运的大事。

　　最终，那位出现在商王武丁梦中的"说"被找到了。此人和伊尹一样，也是一个奴隶。当时，商王武丁派出寻找的人看到他时，他正在一个叫傅岩的地方筑路。而当他被带到商王武丁面前时，商王武丁一见他就说，就是他！他就是梦中圣人所说的"说"。

　　因为他是在傅岩被找到的，因而商王武丁为他取名"傅说"。就这样，一个筑路的奴隶摇身一变，成了商朝的相。对于傅说被任为相，没有人怀疑，更没有人反对。除了因为伊尹曾经也是奴隶外，还因为这是神灵的指示。

　　当然，除了商王武丁、王后妇好以及傅说之外，没有人知道事情的真相。其实，这一切都是他们三个人计划好的。

　　商王武丁很早就已经认识了奴隶傅说，而他们之所以会相识，和商王武丁幼时的经历有关。

　　商王武丁从小就被父亲送到了民间生活，在此期间，他结识了很多出身于奴隶的人，其中就有傅说。傅说和伊尹确实有很多相似之处，他们虽身为奴隶，但懂得治国理政，通晓尧舜之道。

　　商王武丁在和王后妇好说起朝中没有可用之人，需要云民间寻找时，就想到了傅说。

　　可任命一个奴隶为相，在"内忧"尚未解除的时候并不容易，必须说出一个让朝臣和百姓都能信服的理由，而这个理由，没有比神灵的指示更有说服力的了。于是，商王武丁编造了那个梦。

Ⅲ

　　傅说被任命为相后，成为商王武丁最信任的重臣，而替商王武丁执政三年的冢宰，也就慢慢被边缘化了。

　　然而，仅仅让傅说取代冢宰为相，依旧无法解决内忧的问题。因为在商朝祭祀占卜盛行，所以祭司的地位非常重要。凡遇祭祀和战争等重大活动，都要反复进行占卜，祈问鬼神。因而，占卜和祈问鬼神的人也就变得极为关键。

商朝的占卜为多卜，也就是由多人占卜，然后经占卜之人共同商议出结果后，再呈报商王。而那些占卜之人，也就逐渐形成了贞人集团。通常，凡是由贞人集团占卜的结果，商王都会依从。

因为极为重视占卜和祭祀，商朝不仅有占卜的官员，还有祭祀的官员。祭祀和占卜的官员都拥有很高的政治地位，他们是君王的幕僚，也是商朝政治、经济和军事领域的实际掌控者，拥有极大的权力。

既然拥有如此高的政治地位和权力，那么，那些负责祭祀和占卜的官员自然不是谁都可以担任的。通常，这些人都是由巫担任。巫，通常比商朝的世俗贵族拥有更丰富的文化知识，不管是政治还是军事，他们都更为精通。

商王武丁如果想将政权从贞人集团手中收回来，就需要拥有自己的贞人集团。可又有谁既忠诚于他，又能担此重任呢？

最终，商王武丁任命他的王后妇好为最高祭司，主管祭祀和占卜。而妇好能担任如此重要的职位,则完全得益于她广博的学识及其贵族身份。

妇好待字闺中时,便对占卜产生了很大兴趣。她不仅勤奋学习占卜,还经常为自己及家人占卜,甚至在成为商王武丁的王后后,她也经常为自己,甚至为商王武丁的其他妻妾占卜,以此来决定一些事情,而她每次占卜的结果,都很准确。

因为拥有这样的经历,之后的某一天,妇好在朝臣面前突然被神灵附体,说了很多常人无法理解的语言。此后,王后妇好能通神的说法也就慢慢地传开了。

不用说,妇好突然的"通灵",其实也是她和商王武丁设计好的,因为只有这样,她才能顺理成章地被任命为主持祭祀和占卜的最高神职人员 —— 祭司。对于商王武丁来说,没有什么人比妇好担任祭司更合适的了。

从此以后,贞人集团的权力被大大削弱了。

至此,商王武丁的统治核心初步成型,即形成了以他为主的三人集团。其中,傅说为相,妇好为祭司。

就这样,商王武丁不动声色地解决了内部忧患。而妇好也顺利地从商王武丁的王后,一跃而成了拥有极高权力的祭司。

在成功解决了内忧之后，商王武丁将注意力转向了外部。那时候，商朝仍处在"殷室中衰，诸夷皆叛"的时期，商王武丁想要解决外患，就必须平定诸夷。

以战止战，这是商王武丁不得不做出的选择。

第二章

妇好临危受命

IV

如果不是北方边境的一次外敌入侵，妇好即便会被载入历史，也只会被载入后妃传中，或者补充一句：她是武丁时期的最高祭司。

可因为那个夏天的战事，让她成了中国历史上的第一位女将军。

商朝时期，女性虽然可以参与政事，但妇好身为王后要披甲上阵实属罕见。由此不难想见，当时外敌入侵的形势是多么危急了。

妇好第一次领兵作战，便是因为形势所迫。当时，商王武丁派兵与入侵的外敌作战，但商军久战不胜。

虽然外敌入侵在盘庚时期已经颇为严重，但那时候，入侵的大多是商朝周边的一些小国——朔方、土方、羌方、巴方、夷方等游牧民族。但在武丁时期，又多了一个强大的鬼方。

由于这些入侵的游牧民族以骑兵为主，十分强悍，时常抢掠财物后如疾风一般扬长而去，因而商朝对他们既愤慨又无奈。面对这种情况，商军只能选择驱赶了事。最终导致那些游牧民族越发猖狂，他们日益频繁地入侵商朝进行抢掠活动。

商王武丁决定彻底解决这个隐患。

为此，商王武丁和傅说及妇好商议，最后决定逐个击破，不给对方结盟的机会。因而，面对北方边境的又一次外敌入侵，商王武丁迅速派出了强大的军队，想用一场大胜震慑敌人。

然而，原本以为很快就能大胜而归，结果却一直僵持不下。

相比那些游牧民族，商军的体力不占优势，不适合打持久战，需要速战速决，否则就可能导致溃败。而一旦溃败，商王武丁制订的对入侵者进行各个击破的计划就可能落空。

这一战非常重要，如果商军不能取胜，不仅对商王武丁是沉重的打击，还会让商军出现畏战情绪。更重要的是，那些虎视眈眈的周边部落会更加肆无忌惮。

正因为如此，面对久拖不决的战局，商王武丁忧心如焚。这一切，妇好都看在了眼里，经过反复思考后，她决定主动请缨领兵出战。

商王武丁坚决不同意。

V

妇好最终还是说服了商王武丁，领兵出征。

妇好主动请缨，除了想为武丁排忧解难外，还因为她已经意识到，商军之所以久战不胜，是因为他们一直在以自己的劣势和敌人的优势比拼。

商军虽然人数众多，但由于游牧民族士兵的体力占优，且他们擅长机动作战，所以大量商军只好被动应战，一直被敌人牵着鼻子走，导致战事久拖不决。因而，如果不改变策略，即便继续增派援军，依然难以克敌制胜。

妇好将自己的想法告诉了商王武丁，商王武丁颇为赞同，但依旧不愿意让她领兵出征，他计划另派一位将军出战，妇好却坚持一定要去。

妇好的理由是，如今商军士气不振，如果另派别人去，即便改变策略，将士们也可能因为士气低落、身体疲惫而无法取胜。而如果派她去，战场上的将士们看到王后亲自领兵出战，肯定会精神大振，他们便可以一鼓作气，赢得胜利。

妇好的一番话，让商王武丁再次对她刮目相看。然而，他还是拒绝了妇好的建议，因为即便朝中真的无人可派，毕竟还有他这个王。

话虽如此，可商王武丁知道，此时他不能亲自领兵出征。因为一旦出征，敌人很有可能乘虚而入攻占都城。

妇好见始终说服不了商王武丁，便去找傅说，让他帮忙劝谏。

傅说听完妇好的话后，既惊又喜，惊的是王后主动请缨出战，喜的是王后竟然还有如此高超的军事才能。

商王武丁听完傅说的话，依旧犹豫。傅说便说，既然大王不放心，那就占卜后决定吧。

商王武丁答应了。

此次占卜，妇好及其他十几个占卜师用的是经过特殊处理的龟甲。

最终结果是，妇好领兵出征大吉。

既然占卜结果是大吉，也就是说，这是神灵的安排。既然是神灵的安排，商王武丁怎么能违背神灵的意志呢？

就这样，商王后、占卜师、祭司妇好换上戎装，带领着几百名战士出发了。

换上戎装的妇好，威风凛凛，英姿飒爽。当她身背弓箭，手持斧钺走上战场时，商军无不感动，士气大振。在妇好的指挥下，商军改变战法，他们以静制动，稳扎稳打，步步为营，最终敌军弹尽粮绝，溃不成军，四散而逃。

商军欢呼雀跃，兴奋不已，一心盼望收兵回去领赏。结果，妇好却命令乘胜追击。

妇好说，我军只是击溃了敌人，并未歼灭敌军主力。如果现在班师回营，敌人不久定会再来侵扰。可如果我军乘胜追击，彻底打垮敌军，则可一劳永逸，解除边患。

不过，妇好并没有让商军大张旗鼓地追击，而是先佯装收兵，让溃逃的敌人放松警惕，随后又悄悄派出一支劲旅迂回追击，将敌军一举歼灭。

得胜归来后，商王武丁既惊又喜，他没有想到，自己温柔美丽的妻子，竟然还有如此胆识和能力，能够在战场上运筹帷幄，决胜千里，于是立刻封她为将军。

第三章

女将军妇好

VI

妇好自第一次率兵出战击败入侵者后，便开启了她的征讨之路，成为一个出将入相的女英雄。领兵出征时，她是众望所归的将军；祭祀和占卜时，她又成了商朝的祭司。

不管是将军还是祭司，妇好都表现得极为出色。尤其是她数次担任统帅，常年在外东征西讨，先后征服了周边 20 多个方国，其功绩更是无人可以企及。

不过，妇好骄人的战绩既展现了她卓越的军事才能，又说明当时的外患实在太过严重，其中入侵商朝最频繁的就是游牧民族土方。

土方曾令商王很是头疼，多位将领都未能将他们彻底征服，商王武丁只好派出妇好出战。妇好率领商军不仅将土方彻底击垮，还使得土方自愿臣服被划入了商朝的版图。

即便商王武丁麾下已经有了战功累累的禽和羽等爱将，但妇好超群的治军能力还是让她脱颖而出。妇好的成功，除了作战勇猛外，还因为她极其擅长使用计谋。

妇好知道，打仗需要谋略，要知己知彼，扬长避短。因而，每次率兵出战前，她都会花大量时间了解敌方情况。通常，只有等所有的情况都了解清楚之后，妇好才会有针对性地做出一些战术安排。因而，每场战争，妇好所使用的战术都不相同。

妇好多变的打法，经常会让敌人措手不及，进而失去先机，只好狼狈而逃。而一旦敌人落荒而逃，妇好就会立刻派人乘胜追击，直到敌方首领彻底投降才肯罢休。

久而久之，边境的入侵者因为屡次失败，也就逐渐打消了入侵商朝的念头。

不过，虽然边境的入侵者越来越少，可曾经臣服于商朝的一些小国，随着自身实力的不断增长，却不愿再接收商朝的辖制，开始生出一些反抗念头来。

　　针对这种情况，商王武丁和傅说以及妇好商议后，决定主动出击。在这些小国中，实力最强的就是巴方。

　　巴方是南方巴人建立的国家，巴人包括巴氏、樊氏、相氏、郑氏等部族。巴方自然环境优越，国力增长迅速，在众多方国中逐渐做大，所以慢慢生出了不臣之心。

　　于是，商王武丁决定首先击垮巴方，灭掉其他小国反扩的念头。

VII

　　约公元前十三世纪的这场战役堪称中国历史上的一场经典之战，究其原因，则是在这场战役中，商军首次运用了一种全新的战术——"伏击战"。

　　而"伏击战"的构想，正是由妇好率先提出的。

　　当时，商王武丁决定征讨巴方，派出了常胜将军妇好率领大军前去攻打。

　　妇好首先对巴方进行了深入的了解。在得知巴方擅长防御，且营垒坚固、易守难攻后，妇好认为，强攻难以取胜，而要想取胜，就必须引蛇出洞。妇好先是命沚为前锋，引诱敌军出战。然而，巴方在得知领兵的将领是妇好后，完全龟缩起来，全力加强防守，坚守不出。

一时间，双方僵持不下。商王武丁得知战况后，很是焦急，匆忙率兵前来支援，在和妇好经过一番商议后，依然决定采用"引蛇出洞"的策略，只是这次的诱饵换成了商王武丁。

按照商王武丁的想法，在他将敌军引出堡垒后，商军再与巴方展开决战。妇好却认为，这样虽然商军能胜，但伤亡较大，因为巴方肯定会全力抵抗，进行殊死搏斗。

商王武丁便问妇好如何减少伤亡。妇好说，可以兵分三路，一路是精锐部队，由商王武丁率领，从东面发动突然袭击；另一路由沚和诸伯侯率领，从正面进攻；第三路由她率领，在西面埋伏。

妇好说，据她分析，巴方在得知商军兵分两路后，定会倾巢出动，且也会将兵力分成两路。一路应对商王武丁；另一路对付沚和诸伯侯。而这样的话，西面就有了空档，她可以先率兵埋伏在那里，到时候从西面突然杀出，一定会打巴方一个措手不及。商王武丁一听，连连称赞。

　　果然，一切就如妇好所料，当商王武丁率领的精锐部队出击时，巴方倾巢出动。这时，正面又出现了沚和伯侯的军队。巴方随之变换阵形。不过，等他们重新排兵布阵，并与商军展开厮杀时，妇好率领的西路军突然出击。顷刻间，巴方落入了商军的包围圈中。

　　此时，面对商军的三路兵马，巴方已乱成一团。商军则按照原定计划，很快就将巴方围歼。这场战争，不仅成为历史上的经典之战，而且成就了妇好"常胜将军"的美名。

第四章

妇好称王

VIII

"辛巳卜，登妇好三千，登旅万，呼伐羌。"这是甲骨文中记载的商朝在武丁时代，出动兵力最多的一场战争，而这场战争的最高统帅就是妇好。

羌族生活在今天的河套一带，他们时常骚扰商朝的西北边境。商朝也曾多次派兵征讨，但总是无法取胜。

在妇好领兵作战陆续征服了二十多个周边小国后，商王武丁决定将"伐羌"这个光荣而艰巨的任务交给她。那一次，妇好率领商朝一半的兵力（一万三千人）前去伐羌。

从商王武丁出动一半兵力且决定让妇好率兵出征就能看出，这场战役有多么重要。当商王武丁决定派妇好领兵作战时，曾问她需要多少兵力，妇好说只需三千，不过，这三千士兵需要她亲自招募。

商王武丁答应了。然而，当妇好招来三千士兵、即将启程时，商王武丁却为妇好担心起来。因为羌是商朝的劲敌，实力强悍。对付这样的强敌，区区三千士兵，且都是新招募来的，如何能够取胜？

其实，妇好之所以只带招募来的三千士兵，是因为还有一个更强大的敌人——鬼方等着商朝去讨伐。

妇好知道商王武丁极其重视这场战争，可为了这一战，如果自己把士兵都带走去伐羌，万一鬼方乘虚而入，商王武丁又要如何应对？

最终，商王武丁说服妇好，增加兵力。

商王武丁说，若要讨伐鬼方也需要妇好领兵作战，所以妇好一定要在伐羌一战中大胜而归，且要速战速决。而若想速战速决，大获全胜，就必须增加兵力。

妇好拗不过商王武丁，只好听从他的安排，增加了一万兵力。

为了尽快取得胜利，妇好身先士卒，将生死置之度外，与敌军拼命厮杀。商军士兵颇为震动，更加奋不顾身，三军用命，顺利击溃了羌族。

对此，史书记载，"自彼氐羌，莫敢不来享，莫敢不来王"，自妇好打败了羌族之后，四方的夷族没有敢不臣服的。

IX

妇好为商朝开疆拓土立下不朽战功的同时，也让商朝的西部边境得以安定，终于解决了商朝一直以来挥之不去的痼疾。也正因如此，妇好被封为商朝的诸侯，拥有和其他诸侯相同的地位和身份。

诸侯都有封地，妇好自然也有。妇好的封地在她的治理下，百姓安居乐业，很是富裕。而妇好不仅拥有富庶的封地，且拥有三千人的部队。为了表彰她，商王武丁还授予她象征王者"内行刀锯，外用甲兵"的权杖——钺。

然而，正因为她拥有封地，她便要长期驻守封地治理百姓。所以，她虽然是商王武丁的妻子，两人却不能时常相见。

纵然受封为将军，并且身兼祭司、占卜师之职，但只要有闲暇时间，妇好都会将自己好好打扮一番，穿上各种华服，佩戴各种首饰，这也让商王武丁对她既爱慕又敬重。

每当妇好出征时，商王武丁都会不断地求神问卜，祈祷妇好早日归来；而每当她归来，商王武丁都会亲自出城去迎接，有时为了迎接她，甚至会走几十里路。对于商王武丁来说，他去迎接的不仅是凯旋的将军，还是他日思夜想的妻子。

X

妇好是中国历史上有据可查的女性军事统帅之一。在甲骨文献里，一万余片的甲骨，提及她的就有两百多次。然而，正是因为常年在外征战，她积劳成疾，在三十三岁时便因病去世了。

妇好的死，让商王武丁悲痛欲绝。为了寄托哀思，商王武丁为妇好修建了规模宏大的陵墓，一同下葬的还有大量的随葬品，这些随葬品大多以青铜器和玉器为主。此后，商王武丁还多次为其举行隆重的拜祭仪式，这在商朝时期是极其罕见的，可见其地位之显赫。

对于商王武丁的这种做法，很多人无法理解。实际上，对于商王武丁来说，妇好的贡献已经完全超出了作为他妻子的范畴。在他的心中，妇好已经成了整个商朝的象征，成了商朝的保护神。既然是神灵，自然就需要供奉。

商朝崇尚祖先崇拜，对他们来说，祖先既是宗祖神，也是天神。而天神是天帝，地神（地下的君王）是地帝。妇好死后，谥号为"辛"。因此，商朝的后人尊称她为"母辛""后母辛"。

这位以杀伐决断、战绩彪炳而著称的中国历史上的第一位女将军，用不断的征伐和胜利，让商王武丁成为历史上有名的雄主，也让商朝的版图扩大了数倍，商朝的势力范围扩张到了最高峰。因此，商王武丁在位期间，史称"武丁中兴"。

妇好如流星一般划过先秦的时空，转瞬而逝，璀璨而短暂。之后，在国与国之间、诸侯与诸侯之间的战争中，虽然也时常有大量的女性参与其中，但如妇好一般耀眼的女性从此绝迹了。

灭殷商

妲己以声色

为戈矛

本就怀着恨意而来，再加上宫里规矩颇多，无法让她随心所欲，一向任性刁钻的苏妲己，开始为了排解内心的苦闷，无休止地饮酒作乐。

战利品苏妲己

I

墨云秀发，杏脸桃腮，眉如春山浅黛，眼若秋波流转……
这是史书里记载的苏妲己。

苏妲己是商朝末代君主商纣王的妃子。

商纣王是商王帝乙的少子，帝乙去世后，帝辛（即商纣
王）继承了王位。

商王帝乙的长子叫子启。子启没能继承王位，是因为其母
身份低微，只是帝乙的妾。而帝辛的母亲则是王后，子以母
贵，所以作为嫡子的帝辛也就顺理成章地继承了王位。

苏妲己嫁给商纣王为妃，其实也是迫不得已，如果她拒绝
出嫁，她的族人们就要面临灭顶之灾，这一遭遇与妹喜颇为

类似。

苏妲己出生在以狐为图腾的有苏氏部落。有苏氏在夏商时期主要生活于冀州。有苏氏部众不多，面对商纣王的大军，根本无力抵抗。

而对于商纣王的大军压境，他们也很是费解。一直以来，虽然有苏氏部落对商朝不断加重的贡赋颇为不满，可也从不敢反抗，一直忍气吞声。

他们不知道，商纣王率兵攻打他们的目的，实际是要借机震慑周边蠢蠢欲动的各路诸侯，挽回日益衰落的国势。

商朝经历了武丁时期的兴盛，传到祖甲的时候，由于他不思朝政、淫乱不止，国势日渐衰落。

商王武丁后期，都城从亳迁到了沫。帝辛即位后，又将都城沫改为朝歌。

商纣王原本天资聪颖，文韬武略样样精通。特别值得称道的是他力大无穷，能与猛兽格斗。然而，随着国内矛盾日益尖锐以及诸侯的不断反叛，商纣王开始动用武力恐吓诸侯，扩张版图。他发动了一场又一场战争，开疆拓土，最后将疆域延伸到淮河流域，使东夷和中原实现了统一。

频繁的战争不仅让商朝的百姓饱受战乱之苦，而且导致国库空虚。同时，因为战俘过多，且没有得到妥善安置，给整个商朝造成了极大隐患。不仅如此，商纣王刚愎自用，不听劝谏，与朝臣的关系日益恶化。而兴兵征伐一直以来都逆来顺受的有苏氏部落，就是他不顾朝臣反对的意气之举。

Ⅱ

　　听到商纣王兴兵围攻有苏氏部落的消息，有苏氏部落的酋长惊慌不已，立即召集部落长老商议对策。为了讨好商纣王，让他尽快退兵，有苏氏部落的酋长带着他的族人，牵着最肥壮的牛羊，赶着最好的马匹，跪伏在商纣王的面前请罪。

　　商纣王面对胆战心惊的有苏氏部落酋长及其族人，心中满满都是胜利者的荣耀和满足。但他既不说退兵，也不说降罪，只说再给他们两天时间考虑。

　　有苏氏部落的酋长不敢询问缘由，只好留下牛羊马匹，带着族人匆匆离去。

　　有苏氏部落的酋长冥思苦想，却始终不得要领。商纣王到底想要什么呢？有苏氏部落里最好的牛羊马匹都已经献出去了，还能拿出什么呢？

"人！"有人说。

"商纣王好色！"又有人说。

有苏氏部落的酋长这才恍然大悟，觉得自己真是老糊涂了，怎么只献牛羊和马匹，不献美女呢？

于是，有苏氏部落的酋长挑选了部落中最美的四名女子，立刻给商纣王送了过去。商纣王端坐在马上，脸色有所缓和，甚至有了一丝笑容，却依然不说退兵。

有苏氏部落的酋长壮着胆子，战战兢兢地问商纣王，说他们已经把有苏氏部落里最肥的牛羊、最好的马匹及美女都献出来了，不知道商纣王还有什么要求。

不等他说完，商纣王就开始怒斥他，说他撒谎，有苏氏部落对商王不敬，把最好的宝贝藏起来了。

有苏氏部落的酋长吓得冷汗直冒，不断辩解着，自己绝不敢隐瞒，所有的宝贝都已经献出来了。最后，商纣王身边的侍从悄悄告诉酋长，商纣王想要的，是他的女儿苏妲己！

其实，并非有苏氏部落的酋长故意隐瞒，而是因为苏妲己已经许配人家了，只等几个月后迎娶，对方也是一个部落的酋长。

女儿既然已经许配人家，怎么能再献给商纣王呢？

有苏氏部落的酋长有些忐忑不安，将他没有把女儿献出的原因说了，但商纣王并未罢休。

而对有苏氏部落的酋长来说，女儿苏妲己根本就不是他的宝贝，更不是有苏氏部落的宝贝，她的价值，完全不及那些肥壮的牛羊和马匹。

有苏氏部落的酋长并不喜欢这个刁蛮任性的女儿。虽然这个女儿貌若天仙，却从小就乖张顽皮，到处惹祸生事，将家里闹得乌烟瘴气。他巴不得将苏妲己早日送走，免生祸患。既然商纣王点名要女儿苏妲己，酋长自然是求之不得。

然而，当有苏氏部落的酋长兴冲冲地回去找女儿苏妲己时，却发现她不见了，最后发动有苏氏部落的族人，费了很大工夫才找到。不过苏妲己一听要把她献给商纣王，无论如何都不同意。不仅不同意，苏妲己还大骂商纣王。有苏氏部落的酋长只好苦苦哀求女儿，可苏妲己依然不为所动。

一个比自己父亲年纪还大的人，怎么能做自己的夫君？最后苏妲己的母亲跪下来苦苦哀求，看着眼前苍老的父母，虽有满腔的不甘，苏妲己也只好同意了。

就这样，苏妲己带着对父亲、对本要迎娶她的夫婿以及对商纣王的恨意，跟着商纣王去了朝歌。

商纣王志得意满，带着队伍浩浩荡荡地回都城时，怎么都不会想到，他的贪婪和无耻让整个商朝即将面临一场灭顶之灾。他费尽心机迎娶回来的美人，将会成为他和整个商朝的掘墓人。

而苏妲己同样不会想到，朝歌将成为她人生的转折点，让她从一个任性、刁钻的部落酋长的女儿，成为一个遭人千古唾骂、祸国殃民的罪人。

第二章

纵情声色犬马

III

妙龄少女苏妲己终于成了花甲君王帝辛的妃子。

本就怀着恨意而来，再加上宫里规矩颇多，无法让她随心所欲，一向任性刁钻的苏妲己，开始为了排解内心的苦闷，无休止地饮酒作乐。

此时的苏妲己，虽然妩媚动人，可完全不似一个贤妃的样子。如果她能遇到一个有雄心壮志、一心为国的君王，想必很快就会被打入冷宫，甚至被赐死。可苏妲己遇到的是商纣王，一个已经进入花甲之年，且沉湎于酒色的君王，因而她不仅没有被打入冷宫，而且不断得到封赏，享尽了恩宠。对商纣王来说，他终于遇到了一个与他兴趣相投的女人。

苏妲己未进宫时，商纣王虽然也时常与妃嫔饮酒作乐，可她们只是逢场作戏，让他很是扫兴。因而，苏妲己的出现，让他觉得如遇知音。

苏妲己喜欢靡靡之音，商纣王就令乐师涓做淫乐，然后两人便伴着淫乐饮酒作乐，醉生梦死。在苏妲己的提议下，商纣王又在朝歌与邯郸之间，每隔五里就建一所离宫，每隔十里再建一座别馆，专门供他和苏妲己寻欢作乐之用。

为了修建离宫别馆，商纣王不断加重税赋，搜刮百姓。而商纣王再也无心政事，整日与苏妲己同乘逍遥车，白天在车上戏谑，夜里就在离宫或别馆张灯结彩，整夜淫乐。

原本饱受战争之苦的百姓，已经对商纣王的连年征伐牢骚满腹，如今见他为了和爱妃寻欢作乐，大肆修建离宫别馆，不断加重税赋，百姓只好卖儿鬻女；灾荒之年，甚至易子而食，百姓的不满和怨气日甚一日。

面对民怨沸腾的局面，商纣王不仅没有反思过错，加以收敛，反而将那些公开表示不满的人抓了起来，而这种做法，激起了更多人的不满。一些大臣不断地对商纣王进行劝谏，提醒商纣王以史为鉴，远离苏妲己。

这些话很快传到了苏妲己的耳中。于是，苏妲己对商纣王说，大臣们这是在轻侮大王的尊严。而他们之所以敢这么说，都是因为商纣王对他们太宽容了。她建议商纣王将这些人都抓起来，然后对他们施以重刑，只有这样，才能让他们产生畏惧之心，再不敢说这些叛逆的话。

当商纣王问她用什么刑罚时，苏妲己说，可以铸一个铜柱，在周围烧上炭火，在外面涂上油脂，然后让逆臣裸身走在柱子上，直到他们被烧得皮肉朽烂，筋骨粉碎为止。

这便是"炮烙"之刑。

对于如此凶残狠毒的做法，商纣王不仅没有反对，反而大加赞赏，当即下令开始实施。因为苏妲己的狠毒，正好迎合了他的残暴。

劝谏的大臣被烧得肉焦骨碎，化为灰烬，哪还有人敢劝谏？而没有了大臣们的"打扰"，商纣王和苏妲己也就越发恣意妄为，荒淫无度了。

商纣王越发宠爱苏妲己，为了讨她的欢心，凡是苏妲己想要的珍宝，他无论如何都要让人给她取来。然而，每当夜深人静的时候，苏妲己还是会感到深深的失落和寂寞。她时常会想起在有苏氏部落时自由自在、无忧无虑的日子。

商纣王得知后，为了解苏妲己的思乡之情，花重金为她建造了一座摘星楼。

于是，每到深夜，摘星楼里便有少则几十，多则上千的男男女女裸体混杂其间，追逐戏谑，穷奢极欲，荒淫无度。

IV

商纣王和苏妲己朝朝宴乐、夜夜欢娱，沉醉于苏妲己美色中的他，根本没有心思再理会朝政。他的荒淫无耻，不仅让朝臣忧心，连姜王后也愤怒不已。

作为始作俑者，苏妲己被姜王后狠狠斥责了一番。

一直生活在宠溺中的苏妲己，哪里受过这种委屈，她马上向商纣王哭诉，还假意要去寻死，这令商纣王心疼不已，连连安慰。他想痛骂姜王后一番，但因姜王后身份特殊，也只好作罢。

姜王后是当时三公之一的东伯侯姜桓楚的女儿。当时，商朝有四大诸侯，姜桓楚是东伯侯、鄂崇禹是南伯侯、姬昌是西伯侯、崇侯虎是北伯侯。而在这四大诸侯中，前三位又被称为三公。

当苏妲己知道商纣王忌惮东伯侯姜桓楚后，在与商纣王饮酒作乐时，便提议让姜王后一起参加。

苏妲己这么做十分歹毒，因为她知道，姜王后喜静，对奢靡之风十分厌恶。

果然，坐在摘星楼里的姜王后面若冰霜。不仅如此，她还不断劝谏商纣王不要再沉湎于酒色，令商纣王十分扫兴。

苏妲己便火上浇油，说姜王后之所以不将商纣王放在眼里，全是因为依仗他的父亲东伯侯。姜王后一定知道，商纣王不敢把她如何。

商纣王一听，火冒三丈，当即就传令将姜王后赐死。

姜王后的死，不仅震惊了朝野，更激怒了姜王后的父亲姜桓楚。女儿的死，让东伯侯姜桓楚对商纣王彻底失望了，他决定联络南伯侯鄂崇禹和西伯侯姬昌，起兵讨伐商纣王，不过商纣王提前动手了。

商纣王一气之下杀了姜王后，他冷静下来终于感到了害怕。当然，更恐慌和害怕的是苏妲己。她哭哭啼啼，称自己命不久矣，再也见不到商纣王了。

于是，商纣王一不做二不休，命人悄悄杀死了东伯侯姜桓楚。

东伯侯姜桓楚的死引起了更多人的不满。为了阻止不满情绪的蔓延，商纣王命人将东伯侯姜桓楚的尸体剁成肉酱，以恐吓群臣。

不过，虽然他的做法令大多数人选择了明哲保身，但南伯侯鄂崇禹不在此列。

南伯侯鄂崇禹上书商纣王，称他不该枉杀东伯侯姜桓楚。商纣王怕事态扩大，又将南伯侯鄂崇禹杀了，还将他的尸体烤成了肉干。

商纣王的暴虐已达极点，而他的暴虐，部分则源于他内心的恐惧。因为反对他的人越来越多，不知如何改变现状的他，只有选择用酷刑、杀戮来震慑反对者。

然而，酷刑和杀戮依然无法让他心安。当听到北伯侯崇侯虎说，西伯侯姬昌不仅同情东伯侯姜桓楚和南伯侯鄂崇禹，且西伯侯素来仁德，诸侯皆心向往之，对他的统治很是不利后，他急忙以谋逆罪为借口派人将西伯侯姬昌抓了起来，关押在羑里。

第三章

西伯侯修德

V

　　西伯侯姬昌的祖先出身于以熊为图腾的姬姓部落，因为重视农业，史称后稷。

　　商王武丁时期，姬姓部落成为商的附属国。商王武乙时期，姬姓部落的首领季历，也就是姬昌的父亲因为屡立战功，被封为西方诸侯之长；到商王文丁时期，季历又被封为伯侯。季历死后，儿子姬昌继位，称为西伯侯。商纣王时期，西伯侯姬昌成了三公之一。

　　商纣王在连杀二公后，又将西伯侯姬昌关押了起来，且一关就是三年。不过三年后，商纣王终于释放了西伯侯姬昌。

　　究其原因，是商纣王觉得姬昌并非百姓所说的圣人、贞人，并不会对自己构成威胁。不仅不会构成威胁，而且他还是一个对自己极其忠诚的人。

对于姬昌的贤明，商纣王很早就听说过了。而对于他神奇的占卜，更是天下人皆知。在商朝，会占卜的是贞人，贞人能与鬼神交流，是有天命的人。因而，在将"三公"里的二公诛杀之后，商纣王不仅没有安下心来，反而越发恐惧，因为他怕西伯侯姬昌谋反。

因而，听了北伯侯崇侯虎的蛊惑，他便立刻将姬昌抓了起来。

由于商纣王找不到西伯侯姬昌谋逆的证据，且因为姬昌贞人的身份，所以他并没有将姬昌杀掉，而是关押了起来。可他还是无法心安，甚至越发忐忑不安起来。这种不安，源于他害怕因为抓了贞人而得罪了神灵。为此，他彻夜难眠，即便和苏妲己等人在摘星楼里饮酒作乐，也没有了以前的兴致。

苏妲己一听，顿时兴奋起来。她对商纣王说，既然大王在为西伯侯姬昌是不是贞人犯愁，那何不试一试？

怎么试？商纣王问。

苏妲己说，很简单，听人说，圣人不食子，而贞人又会占卜。所以如果把姬昌的儿子杀了，煮了肉拿去给他吃，如果他不吃的话，那么他就是贞人、圣人；如果他吃了，那么他就不是圣人，更不是贞人。

商纣王一听，鼓掌称赞。

而那时，西伯侯姬昌的长子姬考正为了搭救父亲，在商朝的都城四处奔走。

就这样，商纣王为了测试姬昌是不是贞人、圣人，将姬考抓了起来，杀了他取下一块肉，炖了给姬昌送去。

而姬昌很快就吃完了那块从他儿子身上割下的肉。商纣王听说了，既高兴又失望，但他并不想立刻释放姬昌。因为此时释放姬昌，只能说明商纣王错了。他还需要一个冠冕堂皇的理由。

因而当来自西岐的西伯侯姬昌的幕僚闳夭等人献上诸多奇珍异宝——有莘氏寻找来的美女、骊戎收集来的彩马、有熊氏找来的三十六匹驾车良马后，他心动了。

闳夭等人为了找来这些宝贝，付出了很大代价，但他们并没有十足的把握能把姬昌救出来。为了早日救出西伯侯，他们又去找了一个人。

这个人就是费仲。

费仲是商纣王身边的佞臣，自苏妲己进宫之后，他便处处谄媚，并很快成了苏妲己身边的红人。

费仲是个贪财好利的小人，为了钱财，他可以去做任何事情。因而当闳夭等人将大量的珍宝放在他面前，让他在苏妲己面前为西伯侯姬昌求情时，他立刻就答应了。

商纣王在用"食子"试探姬昌前，曾经决定，如果姬昌不食子，那么他就是圣人和贞人。对于这样的人，他既不能放也不能杀，只能关押着；而如果姬昌食子，那么他就是一个凡人，既然是凡人，那就索性杀了他，免得他日后谋反。然而，当看到西岐献上的美女、彩马和良马时，他犹豫了。

当晚，商纣王在苏妲己面前说起了此事，苏妲己说西岐既然献上了这么多珍奇的宝贝，说明他们不但没有谋反之意，而且十分忠诚。而姬昌只是一个凡人，倒不如做个顺水人情，放了姬昌，这样天下人都会称颂商纣王是个仁慈之人，而西岐也会献上更多的宝贝。

商纣王一听，马上高兴地说，这些珍宝仅仅一件就足以释放姬昌，况且还有这么多宝贝。

其实，苏妲己之所以为姬昌说情，全是因为费仲告诉她，西岐答应只要释放姬昌，他们定会献出更多的珍宝。

费仲的话让苏妲己兴奋不已，而说服商纣王放了姬昌，还能让朝臣和百姓称颂苏妲己的仁慈宽厚，她何乐而不为呢？

就这样，西伯侯姬昌终于获释，回到了西岐。

VI

西伯侯姬昌在被释放时，还做了一件事，而这件事，让百姓和诸侯更加拥戴他了。

到底是什么事呢？那就是他向商纣王求情，说他愿意拿同州的洛西之地，换商纣王废除"炮烙"之刑。

或许是商纣王已经厌倦了那种酷刑，或许对他来说，"炮烙"只是诸多酷刑中的一种，如果想要给犯人施以酷刑，他的办法太多了。因而当西伯侯姬昌请求用土地换取他废除"炮烙"之刑时，他爽快地答应了。不仅如此，他还赐给姬昌弓箭和大斧，让他征伐那些敢于反抗商朝的小国和部落。

换句话说，商纣王赐给了西伯侯姬昌比以前更大的权力。

　　商纣王当然不会想到，西伯侯姬昌的顺从和忠诚都是演给他看的。而对于用洛西之地换取商纣王废除酷刑，并不仅仅是因为这种酷刑太过残忍，更重要的目的在于西伯侯姬昌要用行动告诉天下人：他是修德行善之人，和商纣王完全不同。

　　西伯侯姬昌在被关押在羑里的三年间已经意识到，商朝气数已尽，很快就要灭亡了，因而，他一直在悄悄做着准备。也正因如此，在得知儿子被商纣王杀害，且割下肉煮给自己食用后，他强忍悲痛，装作一无所知的样子。因为他知道，儿子已死，他必须先保全自己。

　　西伯侯姬昌回到西岐之后，继续修德行善，实行仁政。

　　因为他的宽容，诸侯们对他也是越来越敬重，甚至诸侯间有了什么矛盾，也都交由他来裁决。甚至有人私下传说，西伯侯姬昌才是真正受命于天的君主。

　　慢慢地，越来越多对商纣王彻底失望的人，逃到了西岐。

　　商纣王荒淫无度，残暴不仁，远君子而近小人，而西伯侯姬昌则广施仁政，人心所向。与此同时，他开始利用商纣王赐予的征伐之权，不断征讨那些忠于商朝的部落。

对于西伯侯姬昌的做法，商纣王却并没有放在心上。因为他觉得，西伯侯姬昌不足为患，他才是天选之子，所以也就继续整日沉湎于寻欢作乐中。

在苏妲己的提议下，商纣王又建造了一座鹿台，并在鹿台下挖了两个坑穴。一个坑穴里装满了酒，另一个坑穴里挂满了肉。商纣王又让嫔妃们赤身裸体在酒池、肉林中追逐嬉戏，"以酒为池，悬肉为林，使男女裸，相逐其间，为长夜之饮"，简直荒淫至极。

天长日久，商纣王越发宠爱苏妲己了，甚至到了凡是苏妲己称好就以之为贵，凡是苏妲己憎恶就加以诛灭的地步。

慢慢地，越来越多的贤臣良将失望而去。见朝中无人可用，在苏妲己的举荐下，商纣王不断地封赏佞臣费仲。

费仲没有丝毫治国之才，他唯一擅长的就是阿谀奉承。因而，当费仲被重用后，那些还对商纣王抱有一丝希望的朝臣，也都纷纷逃离了。

VII

在商纣王整日淫乐时，西伯侯姬昌先是吞并了泾、渭平原
上的阮、密须部落，又越过黄河，征服了黎、刊等部落。

当沉湎于酒色之中的商纣王依然处在浑浑噩噩中时，贤臣
祖伊感受到了来自西伯侯姬昌的威胁。他向商纣王进谏，希望
他能立刻改弦更张，重振朝纲。

祖伊说，如今天下风雨飘摇，看来商朝的国运已经到头
了。而之所以会这样，都是因为商纣王荒淫暴虐，自绝于天，
才会被上天抛弃。如果商纣王依旧不遵天意，不循常法，很可
能导致众叛亲离，最终失去天下。

祖伊冒着必死之心来劝谏商纣王，令他大为震怒。可如今
朝中已经没有可用之人了，因而，他也就没有治祖伊的罪，只
是辩解说，他乃是上天之子，这就是天命，所以商朝绝不会
灭亡。

祖伊并不甘心，继续劝谏，说他虽然是君王，却做了太多
错事，既不理朝政，又不抚民众，这样的君王，上天是不会护
佑他的。可商纣王依然无动于衷。

祖伊失望至极，回家后便对家人说，商纣王已经无药可救了。

在此期间，西伯侯姬昌先伐邪国，再伐崇侯虎，最后将都城从西岐迁往丰邑。

由于西伯侯姬昌的实力不断增强，加之其素有仁德之名，所以黄河以南的虞、芮等部落纷纷归附。

很明显，西伯侯姬昌是在用蚕食的方式，不断兼并商朝周边区域，渐渐对商朝形成了包围之势。

眼见大厦将倾，曾先后辅佐帝乙和帝辛的三朝重臣、商纣王的叔叔——少师比干终于忍无可忍，冒死劝谏。

比干痛斥商纣王昏庸残暴，苏妲己魅惑天子，商朝行将倾覆。商纣王介于其身份无可奈何，但苏妲己怒火中烧，发誓定要处死比干才肯罢休。

当晚，苏妲己便对商纣王说，比干依仗自己是王叔，随意轻侮大王尊严，完全不将大王放在眼里，必是有不臣之心。

商纣王一听，顿时火冒三丈，当即就派人去抓比干。

苏妲己又说，人们都说王叔是圣人，而圣人之心有七窍。我今天一定要看看他有没有七窍之心？

商纣王一听，连声称善，当即就命人将比干开膛摘心。

少师比干被挖心而死，朝臣们纷纷开始为商纣王的另一位叔父，太师箕子担心，劝他早日离开。可箕子拒绝了，称他身为臣子，不能因为君王不听劝谏便离他而去。

不过，一想到数百年的王朝就要断送在商纣王手里，箕子悲痛欲绝，他既不忍离去，又不愿意和商纣王同流合污，因而索性装起了疯癫，最后被商纣王囚禁起来，贬为奴隶。

少师比干死了，太师箕子又被囚禁起来贬为奴隶，主管礼乐的贤臣商容再次冒死劝谏，结果又被罢黜。即便被贬，商容还是想用礼乐教化商纣王，可依然无济于事，最终也只能失望离开，隐居太行山。

第四章

商朝灭亡

VIII

商纣王众叛亲离之际，西伯侯姬昌去世了，他的儿子姬发继位。

商纣王的哥哥子启见少师比干被挖心，太师箕子被贬为奴隶，贤臣商容又隐居山林……在数次劝谏无用的情况下，他只好匆匆逃到了封地"微"。

见子启逃去了封地，商朝的太师疵和少师疆也抱着乐器，悄悄逃到了西岐。

至此，西伯侯姬发意识到，攻打商纣王的时机到了。

这是西伯侯姬发一直都在等待的机会。之前，众位诸侯数次提议伐商，他都说时机不到，天命未知，是因为他觉得那时商纣王的身边还有一些贤臣。

对西伯侯姬发来说，只有商纣王离心离德，人心离散时，才是最好的出击机会。因而，当比干被杀、箕子被贬为奴、商容隐居、子启逃去封地、太师疵和少师疆投奔西岐时，他知道时机终于到了。

虽然伐商的时机到了，可作为商的诸侯国，要伐商必须师出有名，如果师出无名，就有谋反之罪。

最终，西伯侯姬发给出的伐商理由是：商纣王听信妇人言，对祖先的祭祀不闻不问，对同祖兄弟弃之不用，专用佞臣，残害百姓，作乱商邑。不仅如此，他还用淫乐取代雅乐，以取悦妖妃……

一句话，对于商纣王这种自绝于天的做法，姬发不得不奉天命去讨伐。

西伯侯姬发在讨伐商纣王前，不仅历数商纣王的罪行，还说："牝鸡无晨，牝鸡之晨，惟家之索。今商王受（纣）惟妇言是用。"

"母鸡在早晨打鸣"比喻商纣王听信妇人之言，这也就是如今的成语"牝鸡司晨"。就这样，苏妲己的恶行成了西伯侯姬发率众伐商的最好借口。

当西伯侯姬发率众浩浩荡荡向朝歌进发时，商纣王和苏妲己依然没有感觉到危险的降临。他们自觉受命于天，即便有敌人入侵，上天也会助他们打败敌人。况且，西伯侯姬发率领的联军还不到5万人。因而，在商纣王派出17万大军后，便又继续沉湎于享乐中了。

可很快，他的17万大军在牧野惨败的消息传来。直到这时，商纣王才慌了神。他无法想象，自己的17万大军会如此不堪一击。

商军的溃败如此之快，让商纣王始料未及。他没有想到，因为他的暴政，军队已经是人心思变，毫无战斗力可言。就这样，商朝的将士们稍作抵抗，便纷纷倒戈，成了西伯侯姬发的内应。最终，西伯侯姬发率领联军顺利攻入了朝歌。

见大势已去，商纣王身着宝物，登上鹿台，在将宫殿点燃后，他也投身火海。而苏妲己在商纣王死后，自知罪孽深重，难以善终，也上吊自杀了。

之后，西伯侯姬发建立周朝，称周武王。

周武王姬发并没有对殷商赶尽杀绝，他又立商纣王的儿子武庚为王管理商朝旧部。只是，此时的商朝已经沦为周朝的附属国。但在周武王去世后，武庚因为叛乱被杀，后来商纣王的哥哥子启被立为王，只是，这时国号已经不是商，而改为宋了。历经五百余年的商朝就这么灭亡了。

对于商朝的灭亡，历史上的记载都将其归罪于苏妲己，称商纣王是受了她的魅惑才如此昏庸暴虐。因此，《封神演义》便将苏妲己塑造为狐狸精的形象。其实，《封神演义》的作者之所以将苏妲己塑造为狐狸精，除了因为她的美貌易让人"迷惑"外，还因为有苏氏部落的图腾正是狐。

当然，商朝的灭亡原因很多，将所有罪责归咎于苏妲己并不公平。不过，说苏妲己的出现加速了商朝灭亡的进程，却毫不为过。

褒姒不笑

幽王为博一笑

失西周

直到那次变故之后，她终于明白，她必须为了孩子的利益，坐上王后之位，并让儿子伯服坐上太子之位。

褒姒被立为后

I

西伯侯姬发灭商建周后,称周武王,都城虽然仍在沣河西岸的丰京,但他又在沣河东岸建立了镐京。此后,丰京和镐京就成了周的都城,史称"丰镐"。

三年后,周武王姬发去世,儿子姬诵继位,称周成王。

周成王姬诵在叔父周公(周武王姬发的弟弟姬旦,封为上公,子孙世袭周公之爵位,又称周公旦)的辅佐下,继承父亲周武王姬发遗志,为巩固周王朝的政权打下了基础。周成王姬诵去世后,儿子姬钊继位,为周康王。

周康王姬钊在位期间,继续推行周成王姬诵的政策,并在加强统治的同时，南征北伐，成就了周成王和周康王时期的"成康之治"。此后一段时期，周王朝政局稳定，百姓安居乐业。

然而，从周康王姬钊的儿子周昭王姬瑕开始，周朝的国力开始衰退。到第五代继任者周穆王姬满时，因为西征犬戎而使国力受损严重，到第十代君主周厉王姬胡时，因为其暴虐侈傲而被百姓唾骂。之后，周厉王姬胡的儿子周宣王姬靖在贤臣召公和周公的辅佐下，励精图治，遏制了周王朝国力衰落的趋势。

周宣王姬靖去世后，他的儿子姬宫湦继位，也就是历史上著名的周幽王。

周幽王继位后，关中地区接连发生严重的自然灾害。由于地震、山崩和河水枯竭，灾民越来越多。然而，周幽王不但不抚恤灾民，反而日益贪图奢侈享乐，导致民怨沸腾。

不仅如此，周幽王还提拔了擅长逢迎拍马、钻营私利的虢石父为卿士，这本就引起了朝臣的不满，而虢石父贪财好利，不断加重对百姓的剥削和欺压，更加重了百姓对周王朝的不满，一时间整个周朝处在混乱和动荡之中。

也就在这时，周幽王做出了一个决定，废王后申氏，立爱妃褒姒为后。

褒姒被带进周幽王的后宫时，周幽王的王后正是申氏，他们的儿子叫姬宜臼，已经被立为太子。

不过，褒姒虽然入宫很晚，但一入宫便得到了周幽王的专宠。

其实，褒姒刚进宫时并没有想过要从申氏的手里夺走王后之位，而且对于获得周幽王的宠爱也毫无兴趣，因为她不喜欢宫里的奢华生活，反而向往山村乡野的农家生活。可褒姒没有资格选择自己的人生，所以她只能被动接受命运的安排。

褒姒有了当王后的想法，是在她怀孕之后。

有一次，怀孕后的褒姒在宫里散步，看到了正在独自玩耍的太子姬宜臼。当时，太子姬宜臼还不到十岁。褒姒很喜欢小孩，便随口叫了一声姬宜臼。结果姬宜臼看到她后，突然满脸怒气，快步冲到她面前狠狠推了她一把。褒姒险些摔倒，惊吓不已，她连忙把事情的经过告诉了周幽王。

听褒姒一说，周幽王便开始大声痛骂姬宜臼的母亲申王后，说姬宜臼的所作所为，一定是受了申王后的教唆。还说申王后怕褒姒生下儿子后，姬宜臼的太子之位会不保。

周幽王的这句话点醒了尚显懵懂的褒姒，让她不得不开始为自己肚子里的孩子打算了。

II

其实，姬宜臼并没有受母亲申王后的教唆。他想推倒褒姒，只是因为心中愤恨，因为褒姒夺走了原本属于他的爱。

原来，褒姒尚未进宫时，周幽王对姬宜臼非常疼爱，而且与申王后的关系也十分融洽。可自从褒姒进宫后，周幽王不仅冷落了申王后，而且对姬宜臼也不闻不问，每天只知和褒姒在一起。

得不到父爱的姬宜臼，自然便将心中的怨恨之火对准了褒姒。

而褒姒在经历了上次的惊险之后，她开始后怕起来，整日担心腹中胎儿的安危。她想，姬宜臼既然敢推倒她一次，就可能会有第二次、第三次……即便孩子顺利降生，姬宜臼已受封为太子，一旦周幽王去世，姬宜臼继位，那么，自己的孩子仍然会被他害死。

褒姒越想越害怕，免不了唉声叹气起来。

周幽王看到了，便问她为何事烦恼，她便把自己的担心说了出来。

周幽王一听，当即就说让她不要担心，还说申王后如此歹毒，已经不适合再做王后了，他废了申王后，立她为后就行了。

对于自己是否能当上王后，褒姒并不在意，她在意的是腹中的胎儿。因而她又说，即便自己做了王后又如何？姬宜臼依然是太子。

周幽王哈哈大笑说，只要褒姒生下的是儿子，就废了姬宜臼，立他为太子。褒姒这才松了一口气。

周幽王并非只是说说而已。不久，褒姒果然诞下一子，取名姬伯服，此后，周幽王便屡屡在太史伯阳父面前说伯服如何的聪明可爱。

太史伯阳父虽然明知道周幽王的心思，却假装糊涂，并不点破。几次三番后，周幽王在夸奖完伯服聪明可爱之后突然说道，伯服比宜臼更有天子之相。

既然周幽王已经把话说明了，太史伯阳父也就不能再装聋作哑了。于是他问周幽王，是不是想废掉宜臼，立伯服为太子。

周幽王点头称是，而且他还要废掉申氏，立褒姒为王后。

太史伯阳父一听，心里不禁哀叹：周要亡矣！

算起来，这是太史伯阳父第三次发出同样的哀叹！

第一次是在周幽王刚刚即位两年时。那一年，镐京周边发生了大地震。

太史伯阳父认为，天地之间的阴阳二气有它们的运行规律，当阴阳二气失调时，就会引发地震。而阴阳二气的失调，又都预示着国运的衰退。可当朝臣向周幽王禀报时，周幽王根本不以为然，称山川地震是常事，不必告诉他。

当时，太史伯阳父就发出了"周要亡矣"的哀叹。因为在国运衰败时，国君还不思朝政，不管百姓死活，这样的国家，注定是要灭亡的。

　　太史伯阳父第二次发出"周要亡矣"的叹息是在周幽王封虢石父为上卿时。

　　虢石父是个奸佞小人，平素最擅长的就是阿谀奉承。周幽王即位后，昏庸无能，贪婪自私，不理政事。朝中的贤能之士免不了要提醒他，却引起了他的反感。之后，周幽王便对凡事都对他言听计从的虢石父越来越倚重，甚至将政事全部交给了虢石父处理。

　　贤臣遭周幽王冷落，佞臣虢石父却被重用。自被重用起，贪财好利的虢石父便为了搜刮更多财物，拼命压榨百姓，导致百姓怨声载道。

　　一个"去"直言进谏的君子，"取"与自己苟同的媚官小人，不体恤民情的君主，一定会失去民心，这样的国家，肯定也不会长久。所以太史伯阳父发出了第二声"周要亡矣"的叹息。

III

太史伯阳父在第一次、第二次发出"周要亡矣"的叹息后，也曾向周幽王劝谏，希望他效法周文王姬昌和周武王姬发，以仁德治国，重用贤臣，体恤民情。

周王朝初期，崇尚"以德配天"。认为统治者的权力是上天授予的，只有有德者，才配接受天命。无德之人，上天则会收回授予的权力。因而，太史伯阳父希望周幽王能够广施仁德，体察百姓疾苦。但周幽王完全无动于衷。

太史伯阳父十分失望。

虽然周幽王毫无改变，但太史伯阳父还是抱有一丝期待，希望他能醒悟。可当周幽王提出要废掉申王后，立褒姒为王后，废掉宜臼，立伯服为太子时，太史伯阳父对他彻底失望了。

当然，或许是他意识到"周亡"是天命难违，是上天所弃，因而在发出第三声"周要亡矣"的哀叹后，他便不再劝谏，只是冷眼旁观了。

虽然太史伯阳父没有再劝谏，可当得知周幽王要废掉申王后，立褒姒为王后，废太子宜臼，立伯服为太子后，朝臣皆惊，纷纷劝谏。

周幽王哪里听得进去？他不仅要废掉申王后和太子宜臼，还要把他们都处死。

周幽王之所以要处死申王后和太子宜臼，是因为褒姒害怕遭到申王后的报复。而更深层的原因，是她的出身无法和申氏相提并论。申氏是申侯的女儿，而她只是一个战败国献给战胜国君主的礼物，是个牺牲品。

褒姒原是褒国人，在被献给周幽王时，她虽然并不情愿，却毫无办法，她的一生，一直都操纵在别人的手中。

褒姒在被当作贡品献给周幽王时，周幽王正率兵攻打褒国。褒国是个小国，根本没有能力与周朝对抗，因而很快就认输了。

作为战败国，褒国需要向周朝献出他们的宝物，可褒国拥有的所谓宝物，也只有牛马和美女。

虽然在中国历史上，夏朝的妹喜和商朝的苏妲己，都是在面对强大的敌人时，为了保住部落和宗族，被当成贡品献给了敌人。可当时，妹喜是有施部落酋长的妹妹，苏妲己是有苏氏部落酋长的女儿，她们可以说是为了族人，也可以说是为了巩固家族在部落中的统治地位而牺牲了自己。可褒姒不同，她出身低微，只是一个平民百姓人家的女儿。而她之所以被牺牲，只是因为她的美貌。

和她一起被当作贡品献给周幽王的，还有其他姐妹。有些人很高兴，盼望有朝一日能得到周幽王的专宠，这样便能有享不尽的荣华富贵了。可褒姒并不高兴，不是她厌恶宫中的荣华富贵，而是她在褒国早已有了意中人。

褒姒有个青梅竹马的意中人，两人在少年时便已私订终身，可不等她的意中人上门迎娶她，她就被褒国的国君看中。接着，她又被当成贡品献给了周幽王。

在褒姒被献出前，她的父母就对她说，她可能生来就是富贵命。

褒姒的父母之所以这么说，是因为褒姒是他们捡来的。既然是捡来的，褒姒的幸福他们也就毫不在乎了，他们只在意褒姒是嫁给褒国国君给他们的封赏多，还是献给周幽王给他们的封赏多。

但是，褒姒既不愿意嫁给褒国的国君，也不愿意嫁给殷朝的天子，她只想嫁给自己的意中人。所以在被褒国的君主看中时，她就曾想以死来抗争，可最终她发现，她没有权力死，因为她的命是被养父母救回来的。

既然自己的生命是不属于自己的，那就当自己在被遗弃时，已经死了吧！就这样，褒姒不再抗争。可不等她嫁给褒国的国君，就又被献给了周幽王。

在知道自己不能嫁给意中人时，褒姒的心已经死了，所以不管是嫁给褒国国君，还是被献给周幽王，对褒姒来说，都已经不重要了。因而对于自己是否受宠，是否会成为周幽王的王后，在没有怀孕前，她完全没有想过。

直到那次变故之后，她终于明白，她必须为了孩子的利益，坐上王后之位，并让儿子伯服坐上太子之位。而若想要儿子坐稳太子之位，在宫里仅有周幽王这一棵大树可以倚靠的她，就只能想方设法除掉申王后和太子姬宜臼了。

IV

褒姒为了自己的儿子，开始筹划铲除申王后和太子姬宜臼。

此后，她开始时不时地在周幽王面前或是沉默不语，或是无精打采、郁郁寡欢，她那原本冷若冰霜的脸上更是布满了阴云。

周幽王姬宫湦一察觉到褒姒的阴郁，便主动询问。通常，褒姒并不会马上回答，而是在周幽王反复询问之下才会说出原因。这时，周幽王定然会毫不犹豫地满足她的愿望。

因为对周幽王来说，若能博得美人一笑，付出任何代价都是值得的。

褒姒说，即便她被立为王后，伯服被立为太子，可被废的申氏和姬宜臼也必然会报复。到了那时候，即便她是王后，伯服是太子，又能怎么办呢？毕竟申氏的父亲是申侯……

褒姒说着，竟流下泪来。

周幽王哪里见过褒姒这样伤心？顿时心疼不已，即刻命人去杀了申氏和姬宜臼。

虽然申氏被杀，但那杀手在斩杀姬宜臼时却犹豫了。虽然杀姬宜臼是周幽王的命令，可姬宜臼毕竟是周幽王的儿子啊，虎毒不食子，如果日后周幽王后悔了呢？况且，姬宜臼还是申侯的外孙。

机敏的姬宜臼见杀手犹豫不决，他急忙跪下来求杀手饶过自己，还说如果能他带去申国外祖父那里，他一定会让外祖父重重赏赐他。

杀手听了，犹豫再三，终于答应了。他想，他可以暂时骗过周幽王，说他已经杀了姬宜臼，然后悄悄去申侯那里领取赏金。到时候即便周幽王后悔了，他还可以为自己辩解不仅没有杀死姬宜臼，还保护了他，说不定到时还能得到更多的赏赐。

就这样，姬宜臼被杀手悄悄送去了申国，交给了申侯。

申侯在得知自己的女儿被杀，外孙也险些丧命后，气愤不已，当即就要发兵镐京，杀死周幽王和褒姒，替死去的女儿报仇，却被身边的幕僚及时劝阻住了。

幕僚称，凭借申国的兵力攻打镐京，不仅无法报仇，而且可能招致灭国之祸。

虽然无力报仇，但申侯并不打算善罢甘休。幕僚于是建议他，可以和犬戎联合攻打镐京。

犬戎是活跃于陕、甘一带，以犬和狼为图腾的游牧民族部落。周王朝在鼎盛时期曾经与犬戎有过数次交锋，并且将他们消灭大半。不过，犬戎部落极为顽强，很快又死灰复燃，重新强盛起来，并成为周朝的宿敌。

犬戎一直在寻找机会报仇雪恨。申侯的幕僚对他说，如果申国和犬戎联手，再加上周军没有诸侯国的支援，攻破镐京也就易如反掌了。

而申侯的幕僚之所以断言，没有诸侯国会去支援周军也是有原因的。因而当幕僚的话一出口，申侯便拍手称快。

各诸侯国之所以不会去支援周军，是因为当年周幽王曾为了博美人一笑，烽火戏诸侯……

第二章

幽王昏聩用佞臣

V

褒姒不爱笑，自她进宫，便从未笑过。至于她不笑的原因，在她刚进宫时，周幽王便曾询问过，可褒姒却说，她生来就不笑。

对于一个天生不笑的人来说，让她展颜一笑确实不容易。

其实，褒姒虽然不爱笑，却也并非像她所说的，生来就不笑。当她还在褒国时，只有与青梅竹马的恋人在一起时，她才会笑。到了镐京，做了周幽王的妃子后，一想到自己坎坷的身世，以及像笼中鸟一样被"囚禁"在宫里，她就笑不出来了。

不过，对于这些，褒姒并没有对周幽王提起过。

周幽王刚开始听褒姒说她生来不笑时，虽然觉得奇怪，却因为即便褒姒冷若冰霜，依然美得惊心让他心动，所以也就没有在意。甚至可以说，见惯了其他妃子在他面前那刻意、虚伪的笑，他反而觉得不笑的褒姒更美。

当然，这是他在没有见过褒姒笑以前的想法，而一旦他见过一次褒姒的笑之后，他便开始挖空心思地要博她一笑。因为她的笑太惊艳了。

褒姒曾在一次宴会上笑过。当时，周幽王和褒姒正一边欣赏音乐、舞蹈，一边品尝美食，畅饮美酒。突然，一个正在表演节目的舞女因为那拖曳的裙摆被另一个舞女踩到，摔了一跤。

随着那舞女的倒地，音乐戛然而止，大家都惊惧不安地看着倒地的舞女。

周幽王大怒，随即抽出剑来，正准备向那倒地的舞女刺去，谁料想却看到了身边褒姒的掩口一笑。

褒姒在掩口笑时，还不忘睃了周幽王一眼。只那一眼，便让周幽王有了一种"其一笑有百二十种媚"的感觉。

顿时，周幽王手中的剑就落在了地上。

虽然褒姒在那轻轻一笑后，又恢复了平日的冷若冰霜，但对周幽王来说，那一瞬间的笑容，让他终生难忘。

原来，他的爱妃并不是天生不笑。周幽王为此兴奋不已。那天，他不仅没有杀死摔倒的舞女，还给了她不少赏赐。

当然，他也曾试图让那舞女不断重复摔倒的动作，以便能重现褒姒的笑，但都没有成功。甚至看到那舞女一遍遍地倒地时，褒姒还紧锁起了眉头，脸上露出了不悦。

周幽王只得作罢，但从那天起，只要和褒姒在一起，他就千方百计想要再见一次她的笑，可惜一直未能如愿。褒姒越是不笑，周幽王就越是想尽办法想让她笑，为了博褒姒一笑，他更加无心政事了。

周幽王的心思，被善于奉迎的上卿虢石父知道了，他建议周幽王，不妨从民间寻找能让褒姒笑的人。

周幽王一听，觉得言之有理，于是发出了悬赏令：凡能献计或让褒姒笑的，赏金两万两。

悬赏令发出之后，毛遂自荐者、被举荐者络绎不绝，很多人将这当成升官发财的好机会。然而，虽然众人出谋划策，甚至亲自上阵表演各种节目，可褒姒好像失去了笑肌，一丝笑容都没有。

周幽王依旧不甘心，他严令上卿虢石父，必须献出能让褒姒笑的计策。

虢石父叫苦不迭，因为他知道，如果自己献不出计策，上卿职位可能就保不住了。

怎样才能让一个不爱笑的人笑呢？虢石父也寝食难安，终于有一天，当他深夜看到屋内的灯火随风摇曳时，忽然计上心来。

第三章

幽王烽火戏诸侯

VI

虢石父向周幽王献计，说点燃骊山的烽火台就可以让褒姒笑。

虢石父说，烽火台已经很长时间没用过了，不如带褒姒去点燃烽火台。还说一旦点燃烽火台，各诸侯在看到熊熊燃烧的烽火后，一定会匆匆带着兵马赶来救援。一旦他们赶来，却发现根本没有敌军，肯定会气恼万分，却又无可奈何。这样的场面，肯定比那正在跳舞的舞女被踩到裙子而摔倒滑稽多了。

点燃烽火台却只为搏美人一笑。如果英明的君主听到这句话，肯定会将献策之人拉出去斩首，因为周朝的烽火台是召唤救兵用的，只有当外敌入侵时才能点燃。也就是说，只有当镐京遇到外敌入侵时，才能点燃烽火台，以召唤诸侯救援。这是关系国家生死存亡的军机大事，怎么能当儿戏？

可对昏聩的周幽王来说，任何军机大事都不重要，只要能博美人一笑，戏耍戏耍诸侯，又有什么不可以的？

周幽王即刻让虢石父安排。

其实，对于自己的这个计策，虢石父并没有十足的把握可以博褒姒一笑，只是无计可施之下，权做应付。而且为了这次"烽火戏诸侯"，上卿虢石父专门命人在骊山烽火台的不远处，建了一座豪华的观烽火楼。

豪华的观烽火楼建好后，在一个晴空万里、骄阳似火的下午，周幽王兴致勃勃地携无精打采的褒姒去了骊山，登上了观烽火楼。

当然，登上观烽火楼的不仅有周幽王和褒姒，还有朝中的一众亲信和大臣。而在随行的朝臣中，除了虢石父，没有人知道此行的目的。

有些朝臣甚至以为长期不理朝政的周幽王终于要亲政了，要巡视烽火台了，所以心中暗暗高兴。可是当周幽王携褒姒登上观烽火楼，下令点燃骊山那二十多座烽火台时，朝臣们都惊呆了，有人急忙加以劝阻，可哪里劝得住正在兴头上的周幽王？

朝臣们又让上卿虢石父劝阻周幽王，可虢石父说只是点燃长久不用的烽火台玩玩而已，大家不用大惊小怪。

就这样，二十多座烽火台被点燃了。

一时之间，战鼓齐鸣，狼烟四起。听着战鼓声，看着滚滚狼烟腾空而起，周幽王兴奋不已，褒姒却皱起了眉头，掩起了鼻子。

"爱妃，等着吧！会有好戏看的！"周幽王说。

于是，他们在观烽火楼上摆下了酒宴，一边饮酒吃肉，一边等待诸侯率领援兵到来。

那四方的诸侯，见到狼烟，听到战鼓声后，以为镐京遭敌军偷袭，纷纷点兵遣将，连夜赶来。结果却不见一个敌军的身影。当听说周幽王在骊山后，虽然有些疑惑，但也来不及思考，匆匆赶了过去。

看到各路诸侯带着兵马到来，观烽火楼上的周幽王冲他们挥挥手说，没有敌人，你们都回去吧！

而这时，那些长途奔袭而来的兵马，在接到立刻要返回的命令后，都像无头苍蝇一般，乱成一团。同时，各路诸侯那不同颜色的旗帜及军服在乱哄哄的骊山下交错混杂，不停变换位置，十分滑稽可笑。

一直冷眼旁观的褒姒，这时终于"扑哧"一声笑出声来。

"爱妃笑了！爱妃笑了！"周幽王兴奋不已，冲着众位朝臣及那些诸侯激动地大声喊着。

虢石父长长地松了一口气，而各个诸侯这才明白，周幽王点燃烽火台，只是为了给褒姒取乐。想到自己和手下的军队受到如此戏弄，诸侯们个个愤怒不已。

因为第一次点燃烽火戏弄诸侯让褒姒笑了，为了能多看几次褒姒的笑，周幽王又命人多次点燃了烽火。

当然，随着点燃烽火的次数越来越多，带领兵马到来的诸侯也就越来越少了。而申侯正是要利用这个千载难逢的良机，一举攻破镐京。

第四章

西周灭亡

VII

申侯联合犬戎大军已经快要杀到骊山时，周幽王还在和褒姒纵情淫乐。甚至在朝臣向他禀报战况紧急时，他依旧不相信。直到听说姬宜臼还活着，且已经逃到申国时，他这才大吃一惊。他急忙下令点燃烽火台，向诸侯求援，同时带着太子姬伯服和虢石父率兵拦截。

然而，一切都如申侯所料，由于诸侯多次受到"烽火"戏弄，再看到狼烟四起时，便以为又是周幽王在博褒姒一笑，因而无人发兵救援。

最终，孤军奋战的周幽王和儿子伯服、虢石父在骊山与犬戎军相遇。周幽王、伯服、虢石父被杀，而那褒姒，最后也被杀进镐京的犬戎掳走，至于最终的下落，无人知晓。

周幽王死后，虽然诸侯率兵救援，赶走了犬戎，并拥立姬宜臼为王，但在那场战争中，西周自周武王以来，200余年里累积的各种珍宝悉数被犬戎抢掠而去，留下的唯有一座破败的空城……

之后，姬宜臼将都城东迁洛邑，史称东周。虽然国号仍然是"周"，却已经衰败到连一个诸侯国都不如了。而在此期间，齐、楚、秦、晋开始不断扩张势力范围，中国历史上的春秋时代开始了。

对于周幽王"烽火戏诸侯"的故事，太史公司马迁曾在《史记》中说："褒姒不好笑，幽王欲其笑万方，故不笑。"意思是说，褒姒不爱笑，周幽王为了让她笑，一下子让天下老百姓都笑不起来了。

因而，历史上也用"幽王烽火戏诸侯，千金一笑周朝亡"来评价这段历史。

由此可见，西周的灭亡，历史上是将其归罪于褒姒的。这从《史记》中的"周之兴也以姜原及大任，而幽王之禽也淫于褒姒。故《易》基乾坤，《诗》始关雎，《书》美厘降，《春秋》

讯不亲迎"就能看出来。

不仅是《史记》，就连《诗经》中也说："赫赫宗周，褒姒灭之。"

《史记》和《诗经》中，虽然都将西周的灭亡归罪于褒姒，但至少她还是一个人，而在《列女传》中，她却被刻画成了一个妖。

《列女传》中说起她时说："褒神龙变，实生褒姒，兴配幽王，废后太子，举烽致兵，笑寇不至，申侯伐周，果灭其祀。"

就是说褒姒原本不是人，是龙的唾液化作玄鼋附在一个宫女身上，进而产生的一个妖孽。而这个妖孽，也就像商朝的苏妲己一样，美艳动人，只要被她迷上，注定会带来灭亡。

当然，将褒姒说成妖孽，也和将苏妲己说成九尾狐一样，都只是一种虚构和想象。

其实，西周灭亡的原因还有很多，甚至可以说在周穆王姬满、周厉王姬胡时期就已经江河日下，但加速西周灭亡的，褒姒无疑脱不了干系。除了因为周幽王一直沉浸于为了博她一笑而不理朝政外，还因为她的出现，让周幽王杀了申侯的女儿申氏，废了太子宜臼，导致申侯为了报仇，联手犬戎，攻破丰镐……

　　虽然褒姒的出现加速了西周的灭亡，但在一定程度上她也是无辜的，因为她连自己的命运都无法掌控，只能像羽毛一样随风飘散。可无论如何，她还是应了那句"我不杀伯仁，伯仁却因我而死"，成了改变西周命运的女人。

　　西周灭亡后，东周接过了衣钵，但随着东周的没落，各诸侯的日渐强大，东周从原来的天子统率诸侯，变成了权力旁落诸侯。

　　周王朝的没落，让中国历史进入了春秋时期……

息妫引三战

灭两国

息妫的出现确实改变了当时的历史，而这一切皆是源于她的美貌。然而，不管是蔡国还是息国的灭亡，以及芈子元的被杀，又有哪一件是息妫主动挑起的呢？

第一章

息妫被非礼

I

　　春秋时期，诸侯割据，大大小小的国家多达170多个，而从西周到东周，所封诸侯国里，影响最大的是鲁、齐、晋、秦、楚、宋、卫、陈、蔡、曹、郑、燕。史称"十二诸侯"。

　　诸侯国之间，经常互相攻伐、兼并。特别是一些小国，为了生存，他们时常为一些小事反目成仇，生死相搏。

　　在那个弱肉强食的时代，每个国家，存亡都在一瞬间。为了不被消灭，国家与国家之间经常互相结盟，而这种结盟，往往又都是通过通婚的方式。

　　陈国和蔡国、息国通婚，便是如此。

　　陈国是舜的后代，周武王姬发灭亡商朝后，封其为诸侯，赐姓妫，并将当时陈国的国君满封为"公"。

周王朝所封诸侯的爵位，依次是公、侯、伯、子、男。陈国国君被封为"公"，可见陈国及陈国国君在当时的地位之高。其实，在西周，有重要影响的十二诸侯中，陈国是最早受封的。

陈国的第一任国君妫满又名陈公满。由于都城始建于株野，因而又称胡公满。

然而，虽然陈国在西周时的地位很高，但随着西周的灭亡，其他诸侯的崛起，陈国也开始衰落了。东周时，陈国迁都宛丘。

在十二诸侯里，陈国和蔡国的关系最好。

蔡国和陈国受封的时间差不多，也是在周武王灭商后受封的，第一任君主是周武王姬发的弟弟姬叔度，建都于蔡。

陈国和蔡国之所以关系最好，主要是因为地理位置相近，因此，两国之间通婚，旨在应对大国欺凌，相互支援。当年，陈厉公妫跃就因为他的母亲是蔡国人，所以才获得了蔡国的大力支持进而坐上君主之位。自此，两个国家相互通婚便成为惯例。

在陈庄公时期，陈庄公妫林有两个貌若天仙的女儿，其中一个嫁给了蔡国国君蔡哀侯，另一个嫁给了息国国君息侯。

息国很小，不在十二诸侯之列，所以对于息国的国君，除了知道他也姓姬外，历史上并没有记载他的名字，只称其为息侯。而息国之所以能和陈国通婚，则是因为蔡国。息国虽然很小，却因为和蔡国是邻居而关系亲近，当然，更深层的原因是他们都姓姬。

在陈庄公妫林的两个女儿中，嫁给蔡哀侯的是他的大女儿，对于她，历史上并没有多少记载。不过对于嫁给息国国君息侯的二女儿息妫，历史上的记载却不少，历史上她被称为"桃花夫人"。

当然，息妫并非她的本名，而是因为她嫁给了息国的国君，且由于她的父亲姓妫，所以人们叫她息妫。而对于她为什么会被称为"桃花夫人"，则有两种说法。一种说法是因为她长得艳若桃花，故而得名；还有一种说法是，她虽然出生在深秋，但在出生的那天，院子里开满了桃花。

总之，不管是因为什么原因而被称为"桃花夫人"，有一点却是可以肯定的，那就是她长得很美，据说她目如秋水，面若桃花，修短适中，举止优雅。

II

息妫嫁的是一个很小的国家的国君，但她和息侯的感情很好，颇为恩爱。但天长日久，息妫有时也会想念家乡，想念父母，因此便时常想着能够回家看一看。

息侯也曾想陪息妫回家看看，却因为国事繁忙总是走不开，想要息妫推迟归期，但息妫因为太过思念父母而选择了独自前往。

息妫没有想到，她的这一决定，会成为她一生的转折点，让她一生都活在痛苦和愧疚中。

息妫是在息侯派出的侍从陪同下，前往陈国的。

由于息国和蔡国是邻邦，所以息妫回陈国时，一定要经过蔡国。

息国和蔡国原本就有盟约，再加上两个国家的国君都娶了陈国的公主，所以也就更加亲近了，通常一个国家有事，另一个国家一定会去帮忙。因为这种关系，所以路过蔡国时，息妫便想起了姐姐。

息妫和姐姐的感情一直很好，而自姐姐嫁到蔡国，她又嫁到息国后，姐妹俩便再没有见过面。息妫一直想见见姐姐，正好路过蔡国，便去拜见。这原本只是两个姐妹的见面，不想却惹出事端来。

当时，息妫的姐姐看到妹妹后，非常高兴，便将息妫介绍给了自己的夫君蔡哀侯。

息妫既是自己的妻妹，又是邻邦息国的夫人，蔡哀侯免不了要热情接待。

然而，蔡哀侯十分好色，所以当他在酒宴上多喝了几杯酒之后，面对漂亮迷人的妻妹息妫，顿时把持不住。他先是言语冒犯，接着便趁敬酒之机，对息妫欲行非礼。

春秋时期，虽然不再像西周初期那样，崇尚"以礼治天下"，但"礼"制仍然存在，且有很多人还在严格遵守。

"以礼治天下"的思想源于周王朝初期，周公旦提倡的"礼"制，便是将生活的方方面面都纳入"礼"的范畴，遵守各种礼仪，以规范人的行为。

息妫深受"礼"制影响，觉得堂堂一国之君，竟然对自己

的妻妹欲行非礼，是轻佻且违背人伦道德的，因而当场决裂，
拂袖而去。

　　蔡哀侯则不受"礼"制约束，所以对于妻妹的反应，虽然
有些悻悻然，却也不以为意。

　　息妫的姐姐作为蔡国夫人，既了解自己的夫君，也了解自
己的妹妹，所以一边赶紧向妹妹息妫道歉，一边说蔡哀侯只因
多喝了几杯酒，所以才会如此失礼，让妹妹千万不要介意。

　　息妫见姐姐已经道歉，原本想要原谅蔡哀侯，但见蔡哀
侯一脸的不以为然，便觉得受了污辱，不顾姐姐劝阻，愤然
离去。

　　息妫觉得，她的受辱，并不仅仅是她自己受辱，因为她不
仅是蔡国夫人的妹妹，还是息国夫人。所以，蔡哀侯的无礼，
如果仅仅是对她个人的污辱，她还能看在姐姐的面上忍受的
话，那么她作为一国之君的夫人，受了如此污辱，便是对息国
的轻视和对夫君——息侯的不尊重了。

　　对她不尊重，她可以选择原谅，但对息国和她的夫君息侯
不尊重，她却不能原谅。于是气愤的息妫，没有回到陈国，而
是返回了息国。

III

息妫不会想到，她折转回息国，会接连引发几场战争。如果她知道，即便她觉得是污辱，是对息国的不尊重，也会容忍。

息妫本是要回娘家的，结果却折返回来。息侯自然要问其中缘由，息妫也就只好直言相告，哭诉自己的遭遇。

当一个面若桃花的女人，梨花带雨地向你哭诉她的委屈时，哪个男人会无动于衷，况且还是年轻气盛的息侯。

息侯当时就火冒三丈，拍案而起。

息国和蔡国虽然是盟国，但春秋时期的各诸侯国，即便是盟国，关系也并非铁板一块。

息国就曾因为与郑国发生矛盾而举兵讨伐郑国。当时，息国向蔡国求援，蔡国却没有出兵支援。理由很简单，郑国实力强大，蔡国觉得没有必要为了一个小小的息国而得罪郑国，最终不仅导致息国大败，还被各诸侯国嘲笑自不量力。

虽然息国和蔡国的联盟依然存在，也都娶了陈国的两位公主，但钩心斗角的事也时常发生。

因而，息侯即刻就想发兵征讨蔡国，却遭到了大臣的阻拦。大臣告诉他，凭借息国的军事实力，根本打败不了蔡国。

息侯想起昔日讨伐郑国，却被郑国打得落花流水的事，也就只能作罢。可让他忍气吞声，又不甘心。

于是，他心生一计，而这一计，却让他及息国都付出了惨重的代价。当然，那时候的他没想到这是一个昏招。

这是什么计策呢？其实就是借刀杀人。

息侯想借楚国除掉蔡国，杀了蔡哀侯，为夫人出气。

那时候的息侯，一门心思只想替息妫出气。他想，蔡国虽是盟国又能怎么样？他蔡哀侯既然胆敢污辱我的夫人，我就要让他付出代价。

息侯之所以会选择楚国，是因为楚国当时很强大，且正谋划挺进中原。

当时，楚国的国君是楚文王，一直在筹划进军中原，而前提就是必须先除掉挡在楚军面前的最大的姬姓封国，也就是蔡国。

楚国虽然远比蔡国强大，但蔡国周围有很多像息国一样的小国，而这些小国，又都和蔡国订立了盟约，一个国家有事，另一个国家就会出兵相助，因而讨伐蔡国并不容易。

换句话说，如果息国愿意帮助楚国，那么楚国就能轻取蔡国了。

息侯正是想到了这一点，所以才派人给楚国送信，说他可以献出一计，助楚国伐蔡，不过有一个条件，那就是必须为息国报仇，把蔡哀侯交给息国。

楚文王自然求之不得。

息侯的计策是什么呢？就是让楚国假意攻打息国，然后他向蔡国求援，而当蔡国出兵救援时，楚国就能趁机去攻打蔡国了。实为引蛇出洞之计。

楚文王表面上打着应息侯之请，惩罚无礼的蔡哀侯的旗号，实际上却有他自己的打算。而蔡哀侯不知道这是个圈套，在接到息国的求援信后，没有丝毫怀疑，立刻率兵前去支援。

从蔡哀侯一接到息国的求援信便亲自率兵救援来看，他根本没有想到自己对息妫的一场非礼之举，会让息侯如此震怒。

结果，有备而来的楚国军队，在莘地与完全被蒙在鼓里的蔡国军队相遇。楚国原本就军力强盛，再加上以逸待劳，蔡国军队很快就被击溃了。而蔡哀侯也做了俘虏，被带到了楚国的都城郢。

蔡哀侯在被楚军俘获，带到楚文王面前时，楚文王细数他的"罪状"，蔡哀侯这才明白是息国的息侯在谋害自己。

蔡哀侯既惊讶又气愤，但也无济于事。为了活命，蔡哀侯详细叙述了他非礼息妫的原因，并不断夸赞息侯的夫人"目如秋水，面若桃花，长短适中，举动生态，世上无有其二"。

蔡哀侯说完之后，还不忘加了一句，说像息夫人这样有倾国倾城之色的女人，本应该是楚文王的宠妃，嫁给一个小小的息国国君，实在是太可惜了。

楚文王同样很好色，虽然宫里的美女众多，但听了蔡哀侯的话后，便如着了魔一般一心想尽早见到息妫。

第二章

息国灭亡

IV

息侯早已忘记了什么是唇亡齿寒，冲动之下只想替夫人息妫报仇，以为失去了蔡国这个同盟根本没什么关系，毕竟在那个诸侯争霸的时代，国与国之间为了利益，分分合合也很正常。当然，息侯想出助楚灭蔡的计划，也有依附楚国的想法。

春秋时期，不少小国都会依附于一些大国，小小的息国，当然也想找一个强大的国家做依靠。所以对于当时的息侯来说，他做了一件一箭双雕的事。可他没想到，因为楚国帮了息国，息国就欠了楚国一个人情，因而楚国的楚文王便可以随意出入息国了。

楚文王来到息国，是借着巡游、会见盟友的名义而来的。

息侯面对帮他出了胸中恶气，且强大无比的楚国国君楚文王，自然是要热情接待的，所以他举行了盛大的宴会，以答谢楚文王。

然而，就在那场息侯精心准备的答谢宴会上，楚文王提出要见息夫人。

息侯在刚刚听到楚文王说要见息妫时，虽然有些不悦，不过转念一想，出于礼节，夫人息妫也是应该来见一见盟国的君王的，且这个君王还是息国想要依附的。不过，当他看到楚文王见到夫人息妫时那贪婪的眼神，他后悔了。

息侯知道，自己犯下了引狼入室的大错。

息侯示意夫人息妫，让她见过楚文王后赶快退下。而息妫也已经感受到了楚文王那火热的眼神，所以在拜见过后，也想匆匆离开。但不等她走出两步，楚文王便端起酒杯，要息妫陪他喝酒。

息妫左右为难，只好求助息侯。

此时的息侯，已经知道楚文王此次来息国，根本不是巡游，更不是见盟友，而是为了息妫，因而面色煞白，他知道自己犯了大错。

息妫也意识到楚文王来者不善。在经过短暂的慌乱后，她镇定下来，既没有屈从于楚文王，也没有愤然离去，只是不卑不亢地施过礼后，说了句她不会喝酒，便翩然而去了。

　　那时候的她，希望用自己的拒绝，让楚文王知道，息国虽小，但她也是一国之君的夫人。可她没想到，她不卑不亢的举动，让楚文王彻底倾心于她。

　　其实，在楚文王刚刚见到息妫时，便被迷住了。他觉得宫里所有的妃嫔，没有一个能比得上她。对他来说，如此端庄美丽的女人，只能跟随他楚文王，跟随一个愚蠢的息侯，实在是太可惜了。

　　楚文王决定灭掉息国。

　　对楚国来说，息国迟早是要灭亡的。只是那时候，灭息国还没有成为迫切之事。可当他决定把息妫带走时，他决定先灭掉息国，杀了息侯。

　　于是，楚文王假借息国夫人对他无礼，命令身边的侍卫抓捕了息侯。

　　息妫在得知息侯被抓后，终于开始后悔自己在被蔡哀侯非礼时，没有息事宁人；后悔在息侯想借楚国灭掉蔡国替自己报仇时，没有及时阻止，因而酿成了如此大祸。

息妫流着泪，奔出门去。她想要投井自杀，她情愿死，也不愿意被楚文王掳走。

然而，就在她准备投井时，被楚国大将斗丹拦住了。斗丹对她说，她的死，只会让息侯和息国的百姓死得更惨。言下之意，如果她死了，楚文王肯定会杀了息侯，不仅会杀了息侯，而且会在息国大开杀戒。

息妫冷静下来，便问斗丹如何才能救下息侯，救下息国的百姓。斗丹告诉她，她可以向楚文王求情。

既然一切都是自己造成的，那自己就要为这些事情负责，她要救息侯，救息国百姓，就要牺牲自己。对于息妫来说，屈从于楚文王，就是牺牲自己。

于是，息妫向楚文王求情，称她愿意听凭楚文王安排，只希望他能放过息侯，放过百姓，不要在息国滥杀无辜。

楚文王当即答应了。于是，息妫成了楚文王的妃子，而息侯则被安置在了汝水，息国就这样被楚国吞并了。

不过，息侯虽然留下了一条性命，但失去了夫人、失去了国家的他，最终痛苦、悲愤而死。

第三章

楚国灭蔡国

V

息妫从息夫人变成了楚夫人，而蔡哀侯也被释放回国。

息国是个小国，楚国则是个有着称霸野心的大国。因而按理说从一个小国的国君夫人变成一个大国的国君夫人，息妫应该高兴才是，她却偏偏郁郁寡欢。

对于这位抢夺来的夫人，楚文王很是疼爱，为了讨她的欢心，他给息妫建造了一座紫金山。因为息妫又被称为"桃花夫人"，他又为她开凿了一个桃花洞。桃花洞里，他还为她开辟了一片桃花园。

桃花园里，每到桃花盛开的时候，满园桃花，芳香扑鼻。

然而，不管是楚文王的疼爱，还是专门为她建的紫金山、凿的桃花洞，都无法让息妫开心起来。不仅不开心，息妫还时常一个人坐在一旁默默落泪。

虽然如此，可既然已经是楚国夫人，她也无可奈何。三年间，息妫为楚文王生下了两个儿子，一个叫芈艰，另一个叫芈恽。

子以母为贵，因为宠爱息妫，楚文王在芈艰出生后不久便立他为太子。

生下两个儿子的息妫，慢慢从悲伤中走了出来。不过，她虽然不再默默落泪，却也时常一言不发。

楚文王见息妫这样，很是心疼。他曾无数次问她为什么不说话，可息妫要么像没听到一样，要么就是摇头。直到有一天，楚文王说如果她继续这样下去，就要杀掉息侯的宗族时，息妫这才流着泪说，她身为一个女人，却侍奉了两个男人，这样的女人，怎么有颜面开口说话？

由此可见，息妫是个极为看重名节的女人。也正因如此，她才会在蔡哀侯对她非礼时，愤然离去。当然，也正因她对非礼一事如此愤怒，所以更加无法接受自己再嫁的结果，而这个男人还是迫使他们夫妻分离，并间接导致丈夫死亡的凶手。

息妫很痛苦，她觉得自己是有罪的，甚至活着也是多余的。而这种痛苦，除了因为她深爱的息侯因她而死，息国因她而亡外，更因为楚文王对她的宠爱。

楚文王对她越是宠爱，她就越是觉得对不起息侯。因而，为了惩罚自己，她一言不发。

息妫把深藏在心底已久的话都说出来后，又对楚文王说，她本应该在息侯被抓时就死的，只是为了救夫君息侯和息国百姓，才会苟活人间。

息妫内心的痛苦和挣扎，让楚文王开始后悔了，因为自己的自私和贪婪，让心爱的人如此痛苦。

当然，后悔过后，他又痛恨起了蔡哀侯，觉得息妫的痛苦都是他一手造成的。

在将责任都推到蔡哀侯身上后，为了博得息妫的欢心，楚文王发誓要为息妫、为息国百姓报仇。于是，他发动了第三场战争，攻占了蔡国都城蔡邑，不仅使蔡国变成了楚国的附属国，还将蔡哀侯再次抓获。而这个曾经调戏过息妫的蔡哀侯，命运丝毫不比息侯好上半分，因为自此之后，他便被囚禁起来，直到九年后去世。

　　因为息妫而引发的这几场战争，不仅让息侯和蔡哀侯双双
忧愤而死，同时导致息国和蔡国双双被灭。此后，虽然蔡国得
以成功复国，但因亡国而带来的灾难和伤痛，却是永远难以消
除的；而息国，则永远消失在了历史的滚滚洪流中。

第四章

息妫引发子元之乱

VI

楚文王去世后，他让息妫的长子，六岁的芈艰继位，称楚堵敖。

虽然已经即位，楚堵敖的支持者却一直担心楚堵敖那四岁的弟弟芈恽。当然，四岁的芈恽并不可怕，可怕的是芈恽的支持者，他们对于王位一直都虎视眈眈。

于是，楚堵敖身边的重臣建议楚堵敖说，为了保住王位，必须杀掉他的弟弟芈恽，以绝后患。

楚堵敖当时只有六岁，自然只能由身边的重臣摆布。

然而，不等楚堵敖的人下手，消息就传到了芈恽的支持者耳中。于是，芈恽被立即送到了随国。

芈恽在去了随国后，第二年便联合随国杀回了楚国。在成功杀掉楚堵敖后，五岁的芈恽便顺利坐上了王位，也就是历史上的楚成王。

芈恽虽然顺利即位，政权却一直掌握在楚文王的弟弟——令尹芈子元的手里。

由此可以看出，当初，芈恽的支持者就是芈子元。而芈子元之所以会支持芈恽，就是因为芈恽年幼，这样在芈恽即位后，便可以任由他随意操纵了。

眼见两个儿子为了王位而兄弟阋墙，息妫很是痛苦，但对于她来说，她连自己的命运都无法掌握，又怎么能决定得了两个儿子的命运呢？

在见证了两个儿子的兄弟相残之后，息妫又面临一个极大的危机，那就是掌握着政权的芈子元，不仅野心勃勃，而且对息妫觊觎已久。

芈子元很早就想将息妫占为己有，只是忌惮哥哥楚文王，所以也就只能作罢。在将政权牢牢掌握在手中后，他便开始了行动。

芈子元首先在息妫的房子旁边建了一座小屋，每天晚上在屋子里跳万舞，一边跳一边摇铃。

万舞在楚国是一种展现力量的舞蹈，通常只有上战场时才跳，旨在鼓舞士气。

息妫是一个将名节看得比生命还重的女人，怎么可能被芈子元勾引？或许是想到自己的儿子——楚成王芈恽年龄尚小，刚开始的时候，她还装作不闻不问。可每晚芈子元都在那里鼓噪不休，令她不胜其烦。

忍无可忍之下，她哭着让侍者传话给芈子元：先王跳此舞，是为了上战场，伐仇敌；你跳此舞，却只是为了吸引一个寡妇的注意，你不觉得羞耻吗？

芈子元听完侍者的话，羞愧不已，于是命人将那小屋拆了。

可没过多久，他又动了色心，且公然调戏息妫。对此，楚国大夫斗廉痛斥芈子元，称他有违礼制，违背道德。芈子元听后，恼羞成怒，命人将斗廉囚禁了起来。

斗廉被囚禁后，和斗廉同族、时任申公的斗班很是气愤。在和其他族人经过一番秘密商议后，他们悄悄杀进宫去，除掉了芈子元。

芈子元的死，结束了长达八年的子元篡权时代，而这个事件，在历史上被称为"子元之乱"。

VII

因为息妫的美貌，蔡国国君蔡哀侯调戏她，而息妫的夫君息侯则联手楚文王算计蔡哀侯；因为息妫的美貌，楚文王灭了息国，将她占为己有；因为息妫的美貌，楚文王不仅立她为夫人，还为她报仇，将蔡国变成了楚国的附属国；因为息妫的美貌，执掌楚国政权的芈子元，一心觊觎她，最终惹怒朝臣，反被杀死，结束了长达八年的子元篡权时代……

因为息妫的美貌，两国（息国、蔡国）因她而灭亡，一国（楚国）因她而政局动荡不宁……

息妫的出现确实改变了当时的历史，而这一切皆是源于她的美貌。然而，不管是蔡国还是息国的灭亡，以及芈子元的被杀，又有哪一件是息妫主动挑起的呢？

也许正因如此，所以虽然她导致了两国的灭亡，但历史上对她的评价颇高。不仅没有称她是红颜祸水，相反很多诗人纷

纷写诗赞美她、同情她。

王维就曾在《息夫人》中说："莫以今时宠，难忘旧日恩。看花满眼泪，不共楚王言。"

而杜牧也曾在《题桃花夫人庙》中说："细腰宫里露桃新，脉脉无言度几春。至竟息亡缘底事，可怜金谷坠楼人。"

或许是人们同情息妫和息侯之间的爱情，所以民间还流传着这样一个故事：

息妫在息侯被抓后，为了救下息侯及息国百姓，原本准备投井自杀的她嫁进了楚宫。而被息妫救下的息侯，自此便做了楚国都城郢的守门人。

虽然在楚宫中有着享不尽的荣华富贵，但息妫还是深深地爱着息侯。为了解相思之苦，一日息妫在楚文王外出狩猎时，偷偷出宫去见息侯。两人见面抱头痛哭之后，息妫因不能和息侯长相厮守而选择撞墙自杀了。

见息妫亡故，万念俱灰的息侯也撞墙而亡。

楚文王回宫后，得知息妫和息侯双双殉情而死，大为感动，为了成全他们，将他们合葬在了汉阳城外的桃花山上。之后，又有人在那里建了一座庙，取名"桃花夫人庙"。

虽然这个传说是后人编造的，但从中不难看出，人们对息妫充满了同情和敬佩——同情她有情人却难以长相厮守；敬佩她不以色侍人，面对违背人伦的举动，选择了拒绝和反抗。

息妫确实值得人们的同情。作为一个美貌的女人，她一直是男人争抢的猎物，却没有一次能够主宰自己的命运。这是她的悲哀，也是那个时代的悲哀。

夏姬破陈

兴吴衰楚

当然，夏姬虽然在潜移默化中影响了几国的命运，却并非出于她的本意，因为她连自己的命运都掌握不了。

第一章

夏姬嫁入陈国

I

楚人是颛顼的后人，自古生活在长江流域。因辅佐周武王姬发的灭商之战，其部落首领鬻熊被周武王姬发封为子爵，成为周王朝的附属国。

后来，周成王姬诵封楚人首领熊绎为诸侯，赐芈姓，启丹阳，熊绎将丹阳作为政治、经济和文化中心。不过，由于在周王朝所封诸侯的爵位中，子爵的地位比较低，因而他们连周王朝的诸侯会盟也没资格参加。

楚人野心很大，他们并不满足于丹阳这个弹丸之地，而楚人的历任首领也不满足于子爵之位。因此，他们一边不断向周边地区扩张，一边向周太子上表请求提高他们的爵位。当然，爵位虽未见提高，地盘却扩大了很多。

周昭王姬瑕时期，见楚人野心不断膨胀，周王朝开始想方设法打击楚人的势力，但结果并未如愿。而楚人也开始形成他们独特的文化，并以"蛮夷"自称。

周恒王姬林时期，楚人的首领熊通再次向周王朝请求提高他的爵位，仍然被拒绝后，熊通索性自立为王，以郢为都城建立楚国。

此后，楚国实力日益强大，而随着西周的灭亡，东周虽起却日渐衰落。因为楚国的实力大增，所以周边很多小国纷纷依附于楚国，称臣纳贡，其中就有陈国。

陈国由于国力孱弱，不得不在几个大国之间摇摆，左右逢源，以求自保。在楚国和晋国双雄并起的时代，陈国只能在夹缝中求得一时苟安。

后来，陈国因为一个女人的出现，导致陈灵公被杀，陈国彻底变成了楚国的附庸。

这个女人就是夏姬。

　　夏姬是郑国第十一任君主 —— 郑穆公姬兰的女儿。之所以称夏姬，是因为她本姓姬，而又嫁给了陈国的司马夏御叔。

　　夏姬生得极美，蛾眉、杏眼、桃腮，凡是见到她的男人，都会被她深深吸引。然而，如此美丽的女子，且又是郑国君主的女儿，为何没有嫁给其他国家的君主，而嫁给了一个小国家的司马呢？

　　原因很简单，夏姬的美，让亲哥哥姬子蛮也没有把持住，并与之私通三年后，因病不治而亡了。

　　其实，除了名节问题之外，夏姬嫁给陈国的夏御叔，还因为郑国国力的日渐衰落。

　　郑国国君姓姬，是周天子的后代，开国之君是周厉王姬胡的儿子、周宣王姬靖的弟弟姬友，称郑桓公，建都在郑。

　　西周灭亡后，由于东周天子威望扫地，因而郑国便借其王室身份，大肆兼并周边小国，并在郑庄公时期，成为春秋第一大国。

　　到第十任君主郑穆公姬兰时，因为郑穆公姬兰的父亲郑文公在位时期，出现了争夺君位的大战，因而郑国的国力大不如前。同时，因为郑穆公姬兰的君位，是在晋国的帮助下夺取的，而郑国也就此成了晋国的附属国。

郑穆公姬兰原本打算将漂亮的女儿夏姬嫁给晋国国君，可夏姬与哥哥姬子蛮的私通，让郑穆公姬兰不得不赶紧将女儿夏姬嫁出去，以免惹出更多是非。

就这样，夏姬被郑穆公姬兰送到了陈国。

夏姬不会想到，她嫁去陈国的那天，会成为她一生的转折点。自此，她踏上了一条充满辗转和波折的道路……

II

夏御叔原名妫御，之所以叫夏御叔，是因为他父亲的字是"子夏"。

夏御叔虽然不是国君，却也有着国君的血统，他是陈宣公妫杵臼的孙子、陈灵公的堂叔，封地在株邑。

夏御叔迎娶夏姬时，陈国的国君是陈灵公的父亲陈共公妫朔。而郑穆公之所以将夏姬嫁给陈国的大夫，是因为夏御叔刚刚丧妻，能马上迎娶夏姬。

就这样，夏姬从郑国来到了陈国。并在嫁给夏御叔几个月后，产下了不足月的儿子。

对于没有足月就生下一个孩子，夏御叔不是没有怀疑，不过因为迷恋夏姬的美貌，也就没有继续追究下去。不仅没有追究，夏御叔反而对这个儿子疼爱有加，并为他取名夏徵舒。

夏徵舒十二岁那年，夏御叔病死了。

对于夏御叔的死，有人觉得多半要归罪于夏姬，因为她过于妖媚，让夏御叔整日沉湎于美色，正值壮年便去世了。

夏御叔死的时候，夏姬已经年过三十，却依然美艳动人。对于三十多岁的夏姬，历史上是这么记载的：云鬟雾鬓、剪水秋眸、肌肤胜雪。

女人的美有很多种，有些美得端庄，有些美得清纯，有些则美得妖艳。而夏姬就属于那种美得妖艳的女人。对于她的美，有人形容似散发着醉人的迷迭香，令男人逐香而来。

夏御叔死后，夏姬的住处便不断迎来形形色色的人的造访，他们个个身世显赫，权倾一时。而夏姬则是来者不拒。

　　夏姬对来者不拒，一则来访之人皆是权贵，她不敢得罪；二则可能是她年纪尚轻就被迫守寡，耐不住寂寞。在逐香而来的人中，有两位常客，一位叫孔宁，另一位叫仪行夫，他们都是陈国的重臣。

　　孔宁和仪行夫在夏御叔还健在时便见过夏姬，并一直对夏姬念念不忘。夏御叔去世后，他们觉得机会来了，兴冲冲地去了株邑，闯进了夏姬的家。

　　当然，那时候他们都以为自己独占了夏姬，并不知道对方的存在。直到有一天，两人在一起喝酒时，一时兴起，说起了和夏姬的种种，甚至包括床笫之欢，他们才知道，他们并不是夏姬唯一的情人。

　　起初，两人都有些失落。失落过后，两人之间，争锋的意味渐浓。

　　为了分出胜负，谁从夏姬那里出来，便会立刻去告诉另一个人。先去的，自然也就多了几分得意。日久天长，他们觉得这种比较十分无聊，开始琢磨新的主意，比如看谁能够从夏姬那里得到她的贴身之物。

孔宁得到了夏姬的一条锦裆，而仪行夫便从夏姬那里索要一件碧罗襦来。当然，对于两人，夏姬更偏爱仪行夫，因而孔宁觉得备受冷落。

心生嫉恨的孔宁，为了报复仪行夫，开始在陈国国君陈灵公的面前不断夸赞夏姬之美。

陈灵公本就是个好色之徒，以前虽也听人说起过夏姬的美貌，但碍于彼此的身份，只得作罢。再则，毕竟夏姬已经年过三旬，又能漂亮到哪儿去呢？可陈灵公禁不住孔宁的多番蛊惑，便让孔宁带他去看看。

夏姬见了陈灵公，自然不敢怠慢，而陈灵公则是一见夏姬便心猿意马，魂不守舍，简直丑态百出。

陈灵公在拥有了夏姬后，不仅在孔宁面前大谈他和夏姬的床笫之事，当听说孔宁、仪行夫也和夏姬有私情时不仅毫不介怀，还邀请他们同去夏姬家。

之后，他们三个人便在夏姬家同进同出。

渐渐地，三人越发肆无忌惮，甚至在朝堂之上也毫不避讳地谈论与夏姬的种种。

　　对此，朝中一个叫泄治的大臣忍无可忍，于是劝谏陈灵公说，国君和大臣如果当着众人的面宣淫，实在是不成体统，要是宣扬出去了，百姓会怎么想呢？

　　好色而昏庸的陈灵公很不高兴，便指示孔宁和仪行夫暗中除掉了泄治。

　　自此，朝堂内外，面对三人的荒唐无耻，再也没有人劝谏了。

第二章

陈国灭亡

III

渐渐地，夏姬的儿子夏徵舒长到了十八岁。

陈灵公和孔宁、仪行夫与夏姬的荒唐事，虽然朝堂内外没人再敢说什么，但又怎么堵得住悠悠众口？他们在株邑与夏姬的艳事，还是不胫而走，在传到百姓耳朵里的同时，也传到了夏徵舒的耳朵里。

虽然夏徵舒对此早已隐隐有所察觉，但那时候他毕竟年少，被母亲随便找个借口搪塞了过去。随着年龄渐渐长大，听到众人私底下不断议论四人的丑事，他很气愤，回家后便质问母亲。

夏姬只得含糊其词，只说陈灵公确实来过，商议让他继承父亲夏御叔的官职的事。说着，夏姬竟流下泪来，哭诉她抚养儿子的不易。

夏徵舒虽然将信将疑，却也没再说什么。

夏徵舒虽然没再说什么，夏姬却慌乱起来，毕竟儿子长大了。于是，她便和陈灵公说起了儿子夏徵舒询问她的事，说为了不致引起怀疑，希望陈灵公让自己的儿子继承夏御叔的官职。

陈灵公只知淫乐，根本不关心政事，因而当夏姬和他说起这件事的时候，他也就欣然同意了。就这样，夏徵舒承袭了夏御叔的司马一职，掌握了兵权。

夏徵舒完全相信了母亲的话，甚至觉得是自己想得太多了，毕竟母亲是陈灵公的堂婶，自己是陈灵公的堂弟。为了表达歉意，也为了表示感谢，他在家中设宴，款待陈灵公。

陈灵公一听夏徵舒请他去株邑赴宴，不仅欣然同意，还约上孔宁和仪行夫一同前去。

当时的陈灵公误以为，夏徵舒不仅已经知道了他们和他母亲的关系，而且默认了。既然已经默认了，也就不用再顾忌什么了。或许对陈灵公来说，自己是一国之君，根本不需要顾忌什么。

因此，在酒宴上，在他和孔宁、仪行夫酒酣耳热之际，他竟然一边看着夏徵舒，一边说夏徵舒长得像仪行夫。

仪行夫刚开始的时候还有些惊惧，可见陈灵公如此戏谑，便觉得有恃无恐，因而也调笑说，夏徵舒的双眼炯炯有神，更像陈灵公。

孔宁一听，不甘示弱，看着夏徵舒对陈灵公和仪行夫说，夏徵舒都这么大了，怎么也不可能像他们三人，至于到底像谁，说不定连他母亲都不知道。

陈灵公和仪行夫一听，哈哈大笑起来。

陈灵公、孔宁和仪行夫三人只顾调笑戏谑，完全没有注意到夏徵舒已经脸色铁青。

夏徵舒怒火中烧，他没有想到，这三个人不仅真的和母亲有私情，而且居然还敢当着自己的面嘲笑母亲，污辱父亲。

不过，夏徵舒虽然内心愤怒至极，却没有当场发作，他找了个借口出去了。

IV

夏徵舒的离开，并没有让陈灵公和孔宁及仪行夫察觉出危险，他们依然在酒宴上嬉笑戏谑，污言秽语，不堪入耳，内室的夏姬却意识到了危险。

夏姬知道陈灵公和孔宁及仪行夫的为人，因而在夏徵舒设宴要招待他们时，便试图让儿子取消这次宴会，夏徵舒却说，他这么做，都是为了让大家知道，陈灵公和他母亲是清白的。既然儿子已经这么说了，夏姬也不好再说什么。

宴会当天，由于担心陈灵公和孔宁、仪行夫当着儿子的面对她做出什么不雅的事来，所以她在拜见过陈灵公后，便去了内室，再也没有出来。

当然，虽然在内室，但酒宴上的一切，还是牵动着夏姬的心，她偷偷派侍女去探听情况。

在听说了陈灵公和仪行夫、孔宁的戏谑之言后，她暗叫一声不好。而在听说儿子面红耳赤地离开后，心里就更加害怕了。

在短暂的惊慌后，她从内室出来寻找儿子，等找到儿子，夏徵舒已经身披戎装了。

夏姬知道，自己最害怕的事情就要发生了，她低声哀求儿子，让儿子放过他们，还保证自己再也不和他们来往了。其实，夏姬不仅是在为三个情人说情，她知道，一旦儿子冲动之下杀了他们，那儿子的性命也就保不住了。

愤怒的夏徵舒根本不为所动，先让士兵包围了府邸，接着带上十几个亲兵冲进宴会厅。

夏徵舒想先抓住陈灵公，可正巧陈灵公去了茅厕。夏徵舒便让其他人抓住孔宁和仪行夫，然后自己亲自去抓陈灵公。

孔宁和仪行夫一看大事不妙，趁侍卫和夏徵舒的人在打斗，悄悄溜走了。

酒宴上的喊杀声和呼救声，让陈灵公如梦方醒。不过，等他慌慌张张地从茅厕出来，跑向马厩时，却被赶来的夏徵舒一箭射死了。

这是一场没有预谋的政变。

虽然陈灵公的死没有在夏徵舒的计划之内，但事已至此，也就只好一不做，二不休，夏徵舒便自立为陈国国君。

或许是陈灵公的荒淫无耻早已让朝臣心生不满，因而，他的死竟然没有朝臣去追究。

不过，那场酒宴上的漏网之鱼却不打算就此善罢甘休。

孔宁和仪行夫逃去了楚国。而在得知陈灵公被杀后，他的儿子——太子妫午逃去了晋国。

逃到楚国的孔宁和仪行夫，将陈灵公被夏徵舒射杀的事告诉了楚庄王。

当然，他们说夏徵舒是为了谋权篡位，杀了陈灵公。而对于陈灵公被杀的原因，楚庄王根本就不关心，他关心的是，陈国是否会成为他的一枚棋子，一枚任楚国摆弄的棋子。

以往，陈国虽然也会每年向楚国进贡，但当陈国因为在与晋国作战时大败，被迫向晋国臣服后，陈国就开始在楚国和晋国之间摇摆。楚庄王对此极为不满，一直想要灭掉陈国，无奈陈国虽然国力不强，兵力不足，城墙却极高，很难攻破，所以一直没有行动。而陈灵公的死，无疑让他有了攻打陈国的"正当"理由。

于是，楚庄王立即率兵攻打陈国。

或许对陈国的朝臣来说，谁做国君都一样，只要能保住他们的性命就行了。因而，面对强大的楚国，他们不仅打开城门迎接楚军，而且主动将射死陈灵公的夏徵舒抓起来交给了楚庄王，称所有的事都是他一人所为。

于是，夏徵舒被车裂而死，而夏姬也被陈国的大臣辕颇抓获，送给了楚庄王，称可以任由他来处置。

楚国攻下陈国后，虽然将逃到晋国的太子妫午接回来让他继承了君位，称陈成公，但陈国此时已经完全成了楚国的附属国。因而历史上就将陈灵公的死视为陈国灭亡的标志，而夏姬自然也就成了灭国的罪魁祸首。

第三章

群臣争抢夏姬

V

　　历史上关于夏姬对于夏徵舒被车裂而死的反应并没有记载。不过，不难想象，唯一的儿子惨死对夏姬的打击。也许，夏姬也想过随儿子一起共赴黄泉，但夏姬没有死，还被当作战利品，奖赏给了楚国老将连尹襄老。

　　其实，楚庄王在见到夏姬后，也曾想过将夏姬纳为妾室。

　　当时，刚刚经历了丧子之痛的夏姬，在被带到楚国君臣面前时，虽然已经年近四十，却依然美艳绝伦。甚至她身上的孝服，以及憔悴的面容，都让她显得越发楚楚可怜。

　　之后，在楚庄王决定将夏姬纳入后宫时，大夫巫臣说，大王既然打着诛杀夏徵舒、匡扶正义的旗号攻打陈国，如今若又将祸害陈国的女人纳入宫中，岂不是在告诉世人，大王的所作所为，根本不是为了匡扶正义，而是为了美色吗？

于是，楚庄王只好打消了纳夏姬为妃的想法。

然而，楚庄王的弟弟——司马芈子反又跪下请求将夏姬赐给他。

既然自己不能纳夏姬为妃，那就赐给弟弟吧！楚主王正要答应，大夫巫臣又说，夏姬是个不祥之人，不仅害了陈国，害了陈灵公，还害死了她的儿子夏徵舒，甚至她的丈夫夏御叔，也是因她而死的，这样的女人，身为王族的芈子反，还是不要接近为好。

不祥之人，克夫、克子，这样的女人，即便再美，也会让人望而却步。

大夫巫臣的话，让朝堂上的众人犹豫了，最终，楚庄王将这个"邪恶"的女人赐给了老贵族连尹襄老。

在这场争夺中，那个让人又爱又怕的"战利品"夏姬，始终没有说一句话。因为她没有资格说话，那时候的她，不仅是个"战利品"，还是个"不祥的战利品"。因而，面对任何结局，她都只能接受，没有权力拒绝。

　　夏姬的命运，从未掌握在自己的手里。她只是乱世桃花，只能随风飘落。

　　嫁给连尹襄老，似乎是在验证巫臣的"不祥"之说。因为没几天，连尹襄老便战死沙场了。连尹襄老是在与晋国的战争中死去的，而他死后，他的尸体也被晋国将士带走了。

　　当然，对于连尹襄老的死，还有一种说法，说他虽然死在战场上，却不是在与敌人的作战中死去的，而是被活活气死的。

　　当时，他听到士兵们在议论夏姬跟他儿子黑要偷情的事，又气又急的他，在举起手中的刀向那名士兵砍去时，突然倒在地上，死了。

　　不管连尹襄老是怎么死的，总之他是客死他乡。随后，夏姬又成了连尹襄老的儿子黑要的小妾。

　　夏姬的命运再次被改写。

VI

　　夏姬做黑要的小妾并没有多长时间，便说要回郑国，要通过郑国向晋国索回连尹襄老的尸体。

当时，郑国和晋国关系密切，且夏姬又是郑国的公主，因而黑要也就同意了。于是，借着迎丧之名，夏姬回到了郑国，从此，她就再也没有回过楚国。

从之后夏姬的命运来看，夏姬的郑国之行，很可能是一场阴谋，而这场阴谋的策划者就是楚国的大夫巫臣。

当时，楚庄王想要纳夏姬为妃，巫臣列举各种理由极力反对，致使楚庄王和芈子反先后放弃了娶夏姬为妾的念头。巫臣的做法，当时博得了楚国君臣的一致肯定。可实际上，是因为他喜欢上了夏姬。

因而，当娶了夏姬的连尹襄老死后，虽然夏姬又立刻被连尹襄老的儿子黑要纳为小妾，可巫臣觉得这是个可乘之机。于是，他暗中策划让夏姬通过郑国索回连尹襄老的尸体。

之后，夏姬启程赶回郑国，在途中的一个驿馆，夏姬遇到了以出使齐国为名，在驿馆专门等候她的巫臣。一番攀谈之后，两人就结下了秦晋之好。巫臣让夏姬在郑国等他，说他一定会来郑国娶她。

阅人无数的夏姬，或许从巫臣那里感受到了真诚，她觉得这个人和她以前遇到的所有人都不一样，值得托付终身。夏姬在回到郑国后，既没有与任何人来往，也没有再回楚国，而是一直等着巫臣。

这一等就等了近十年。

公元前 589 年，晋国讨伐齐国，齐国大败，遂向楚国求救。而此时，在位的是楚共王。于是，楚共王让大夫巫臣出使齐国以了解战局。

谋划了近十年的巫臣觉得这是个好时机，于是带着家室和财产，匆匆离开楚国。在齐国完成使命后，他让副使回楚国复命，自己则去了郑国见夏姬。最后，他们一起逃往了晋国。

为了夏姬，楚国的重臣巫臣不仅背叛了楚国，而且逃往了楚国的敌国晋国。

巫臣是楚国的重臣，他能来晋国，晋景公自然不胜欢喜，马上委以重任，让他做了邢邑的大夫。

巫臣与夏姬"私奔"到晋国的事传到楚国后，楚国群臣皆惊。很多人这才明白过来，巫臣当年阻止楚庄王君臣娶夏姬的做法，只不过是一场处心积虑、谋划已久的"诡计"。

当然，最愤怒的要数司马芊子反了。他觉得自己被巫臣戏耍了。为了报复，他对楚共王说，巫臣叛逃到晋国是对楚国的污辱，楚国应该千方百计，甚至不惜用重金换回巫臣，然后治以重罪。

楚共王虽然觉得巫臣的叛逃让楚国大失颜面，但念及他对楚国的功劳，选择了忍让。不过，司马芈子反咽不下这口气。于是，他联手哥哥芈子重，将巫臣和黑要家族悉数抄家，斩杀殆尽。

第四章

兴吴衰楚

VII

为了夏姬而背叛楚国，巫臣知道楚国不会放过他和他的家人，所以才将家室和财产一起运走，不过他没有想到，他的家族会受到他的牵连。

巫臣愤怒不已，他觉得即便自己对不住楚国，却也不至于被灭族。于是，他写信给芈子反说，他要报复，他要让芈子反因疲于奔命而死。

巫臣发誓要报仇，他不仅要报芈子反的灭族之仇，还要为夏姬报仇，因为夏姬的儿子夏徵舒被楚国车裂而死。

巫臣的复仇与别人的复仇不同。他没有直接去杀芈子反，抑或与楚国为敌，而是给楚国树立了一个对手，而这个对手，巫臣选择了吴国。于是，他向晋景公建议，联手吴国，去伐楚国。

那时候，晋国和楚国的实力相当，晋国也一直想称霸中原，无奈楚国拦路，让晋国一直未能如愿。如果有吴国帮忙，甚至能削弱楚国的话，对晋国称霸中原无疑是件好事，晋景公对此欣然答应。

当然，晋景公之所以会答应，还因为巫臣曾是楚国声名煊赫的重臣，曾参加过楚国大大小小的许多次战争，对楚军的优势和劣势都了若指掌。因而，他不仅完全同意巫臣的策略，还给予了他很大的物质支持：三十辆战车，两千多人的部队。

不仅如此，为了表达自己的诚意，晋景公还将自己的附属国郯割让给了吴国。

由此可见，对于"联吴疲楚"的战略，晋景公是非常重视的。

巫臣则是打定主意要楚国付出代价，因此，他不仅将自己的儿子留在了吴国，还亲自帮吴国练兵。而经过巫臣的指导，吴国的军事力量越来越强大。两年后，吴国开始通过对周边诸侯国的征伐，来检验自己的练兵成果。结果，无往而不胜。

之后，吴国又频频侵犯楚国边境，逼得楚军疲于奔命。最终，巫臣兑现了他的承诺，用了五年时间，不仅帮助吴国打败了楚国的司马芈子反，而且打到了楚国的都城郢，逼迫楚国迁都。

自此，原本称霸中原的楚国日渐衰落，而原本默默无闻的吴国开始崛起。

楚国的衰落，虽然源于芈子反得罪了巫臣。可又谁能说，这不是夏姬引起的呢？

同样的，夏姬虽然不是破陈、兴吴的始作俑者，但陈国的灭亡，吴国的兴起，都因她而起。由此可见，说她改变了陈国、楚国、吴国三国的命运并不为过。甚至可以说，是她间接促成了之后的吴越争霸。因为吴越争霸的前提，就是因为楚国衰落，晋国的对手从楚国变成了新兴的吴国。

当然，夏姬虽然在潜移默化中影响了几国的命运，却并非出于她的本意，因为她连自己的命运都掌握不了。她只是这历史大棋局中一颗小小的棋子，每走一步都掌控在当权者的手中。

骊姬乱晋

恃宠戏强权

晋献公因为骊姬没有睡在身边而无法安眠，而骊姬却让整个晋国都处在动荡不安中，让朝臣、百姓都无法安眠。

骊姬入宫

I

公元前 663 年，骊姬被骊戎部落献给了晋国国君晋献公。

骊戎部落之所以会将骊姬献给晋献公，是因为骊戎部落正遭到晋军的围攻，不得已才这么做的。

晋献公是一位拥有雄才大略的君主，自即位起便四处征伐，开疆拓土。公元前 669 年，晋献公将都城从曲沃迁到了"绛"，便是为了称霸中原。

而晋国要想称霸中原，就必须先除掉劲敌赤狄（狄人的一支，因为穿红色衣服而得名），于是，晋献公和太子申生分别统领上军和下军，消灭了赤狄。虽然赤狄被消灭了，但与赤狄相邻的骊戎部落却时常骚扰晋国，让晋献公不胜其烦。

于是，晋献公亲自率兵攻打骊戎。骊戎部落的酋长没有想到，晋献公竟然会从侧面攻进部落。最终，不仅骊戎的土地被晋国吞并，而且整个部落差点都被消灭了。

为了保住族人及自己的性命，骊戎部落的酋长要献出部落里的两位美女，其中之一便是骊姬。而骊姬本来的归宿则是赤狄部落。

赤狄人非常强悍，且赤狄和骊戎部落相邻，所以两个部落早已结盟。可谁知，强悍的赤狄还是被晋国消灭了。赤狄和骊戎唇齿相依，因而骊戎部落的酋长对于赤狄被消灭，很是不安，但又不敢大肆反抗，于是就不时地骚扰晋国边境，想不到却惹怒了晋献公，对方竟然亲自率兵来攻打他们。无奈之下，只好求和。

与其他人不同，骊姬对于自己被献给晋献公，非常期待。因为对她来说，在一个小小的骊戎部落，简直就是对她美貌的浪费。虽然，以她骊戎部落第一美女的身份，要么嫁给本部落的酋长，要么嫁给其他部落的酋长，甚至其他国家的国王，可那些部落和国家，又怎么能跟强大的晋国相比呢？

一个自即位以来便将晋国国土扩大了一两倍的君主，骊姬迫不及待地想见到他。因而，当骊戎部落的酋长，带着不舍要将她献出去时，她按捺住兴奋，建议骊戎部落的酋长换下另一个准备和她一起被献给晋献公的美女，换上她的妹妹少姬。理由则是，那个和她一起被献出的美女，是部落的第二美女，应该留给骊戎部落酋长自己。

骊戎部落酋长欣然同意了。少姬虽然不及骊姬和那第二美女，却也容貌秀丽。于是，骊姬和少姬就被当成骊戎部落的"贡品"献给了晋献公。晋献公果然在他看到骊姬后，便被深深吸引了，而对于旁边的少姬，他仅是扫了一眼便转头接着盯着骊姬。

骊姬到底有多美？《庄子》中记载："毛嫱，丽姬，人之所美也；鱼见之深入，鸟见之高飞，麋鹿见之决骤……"

就这样，骊姬和少姬跟着晋献公离开骊戎，前往晋国的都城绛。

对于姐姐骊姬为何要自己和她一起被献给晋献公，妹妹少姬并不是很清楚。少姬甚至都不明白，姐姐为何在背井离乡、被当成贡品献出去时还难掩兴奋。

骊姬曾试图掩饰这种兴奋，可还是从眼睛里流露出来，被少姬看到了。

少姬曾问她："你难道就不想家吗？"

骊姬说，她们的家就在即将到达的绛。少姬还想再问什么，却被骊姬阻止了。

少姬不知道，骊姬之所以要她一起进宫，是打定主意要在进宫后做一番大事的。当然，骊姬不会想到，她所要做的大事，会在成就她的同时，也毁了她的人生。

II

骊姬所要做的大事，就是要做晋献公的夫人。

晋献公曾有位夫人，是太子申生的母亲齐姜。不过齐姜早就去世了，夫人的位子一直空缺着。

骊姬早已打定主意，无论如何要将夫人的位子抢到手。当然，占据"夫人"的位子并不是她的最终目的，她还要让她的儿子继承君位。这就是骊姬让妹妹少姬和她一起进宫的原因。因为她想，如果她未能生下儿子，那么她的妹妹还有机会。假如家中只有骊姬自己，她也一定会想方设法让其他姐妹和她一起进宫的，因为只有这样，才能保证未来的君主有她们的血脉。

不出所料，骊姬果真被立为了夫人。

不过，虽然被立为夫人，但过程并没有她想象的那般容易。她曾以为，只要自己用美色迷住了晋献公，夫人之位自然是轻而易举便可获得的。她自进宫伊始，就成了晋献公的专宠，两人如胶似漆。可当晋献公想要将她立为夫人，还是遭到了股肱之臣里克的极力反对。

里克之所以反对，是担心骊姬被立为夫人后，将来若生下儿子会被立为太子，那么他支持的太子申生将失去继承权。因而，里克给出的反对理由是，骊姬刚刚进宫，且尚没有生育。

晋献公在迎娶齐姜之前，还有一位夫人，叫贾氏。不过，由于贾氏无子，晋献公便废了她，立生下了儿子申生的齐姜为夫人。

如今，虽然齐姜去世了，晋献公如果想再立夫人的话，完全可以从已经生下两位公子的狐氏姐妹中挑选一个，毕竟这两人不仅美丽贤惠，还各为晋献公生了一个儿子——重耳和夷吾。

　　也就是说，若要再立夫人，无论如何都轮不到刚刚进宫且还没有生下公子的骊姬。

　　如果是其他臣子反对，晋献公完全可以置之不理，但里克的意见，他就不能不慎重考虑了，因为里克是他即位以来为晋国开疆拓土的最大功臣。

　　于是，晋献公决定暂缓立夫人之事，等骊姬生下儿子后再做商议。

　　晋献公愿等，骊姬却等不得了，因为她不知道自己什么时候才能生下儿子。同时，对骊姬来说，晚一天被立为夫人，就多了一分变数。从此，骊姬在晋献公面前便总是唉声叹气。

　　晋献公便询问她是不是身体有恙，她只是说不忍心让晋献公为自己的事烦心，因为他为国家大事已经够操劳了。

　　晋献公越发觉得骊姬贤惠知礼。在晋献公的反复询问下，骊姬才涕泪横流地说，因为晋献公宠爱她，所以很多人将她视作眼中钉。她听说，以后不管谁坐上了夫人之位，都会把她赶出宫去，如此等等。

　　骊姬说完，又跪下来请求晋献公尽快将她送出宫去，或者送回骊戎，这样别人就不会再说她迷惑君主了。

晋献公自然舍不得让她离开。骊姬又说，请晋献公永远不要再跟臣子们提立她为夫人的事了，免得让晋献公为难。

骊姬的话，瞬间激怒了晋献公。他想，自己身为一个堂堂大国的君主，怎么能受制于几个大臣呢？于是他打定主意，立骊姬为夫人。不过，他又不想将里克等重臣逼走，毕竟里克位高权重，为晋国立下了大功。

最后，晋献公决定找个理由堵住里克的嘴。

可找什么理由呢？晋献公思来想去没有好主意，最后还是骊姬的一句话"君主是上天安排的，那夫人，是不是也是上天安排的？"给了他启发。

于是，第二天，晋献公在朝堂之上就对朝臣们宣布，如今他要再立夫人，可不知立谁合适，还是让上天来决定吧！

自然，晋献公最先问的便是骊姬是否适合。他先是用龟甲占卜，结果发现不利。于是说用龟甲占卜的结果不算数，再换蓍草占卜，结果还是不利，便再次推翻，另换一种占卜方式……

如此反复，换了四种占卜方式后，总算占卜出了"利"。晋献公这才高兴地宣布，就以此次占卜的结果为准。

　　晋献公的荒唐做法，让朝臣目瞪口呆。当然，大臣们由此也意识到，晋献公立骊姬为夫人是早已决定之事。既然如此，那现在再反对又有什么意义呢？

　　就这样，骊姬刚进宫不到一年，便被立为了夫人。

第二章

骊姬嫁祸太子

III

骊姬不是一个普通的女人，她不仅美艳无比，才艺双绝，而且拥有敏锐的政治头脑，经常为晋献公出谋划策，面对这样的美人，晋献公怎么能不宠信呢？

能宠爱一个给自己出谋划策的女人，可见晋献公并非只知淫乐的君主。

顺利地被立为夫人，对于拥有非凡政治头脑的骊姬来说，只是走出了她政治生涯的第一步，而第二步便是尽快给晋献公生下一个儿子。如果她不能生下一个儿子，或者自己的儿子无法取代太子申生，那她这个夫人也就变得没有多大意义了。而一旦太子申生即位，那她的所有盘算不仅会彻底落空，而且申生会不会除掉她也尚未可知。

让骊姬高兴的是，她如愿为晋献公生下了一个儿子，取名奚齐。

别人都是母以子贵，骊姬的儿子奚齐却是子以母为贵。奚齐出生不久，晋献公便有了废掉太子申生，立奚齐为太子的想法。

当然，晋献公之所以会这么想，除了因为骊姬母子经常在他身边侍奉，跟他更亲近外，还因为在他屡次对外用兵时，太子申生因为多次领兵获胜而在朝中拥有了极高的威望。

公元前 661 年，晋献公与太子申生分别统领上军和下军，先后灭掉了耿、霍、魏等小国。此后，晋献公又派太子申生率军讨伐东山皋落氏，同样大胜而归。

太子申生能力出众，且是未来的君主，因而朝中渐渐地分成了两派：君主派和太子派。

对于朝中的太子派，最开始晋献公并没有在意，甚至为太子申生在朝野素有贤名而欣慰，毕竟晋国之后是要交到太子申生手中的。可慢慢地，当他从骊姬口中得知，太子派的势力已远超君主派，且朝中重臣更偏向于太子申生时，他对太子申生便心生一丝不满，进而变成了忌惮。

晋献公将自己想要废掉申生，立奚齐为太子的想法告诉骊姬后，骊姬连连摆手说不妥，还说如果他废了申生而立奚齐的话，她宁可自杀。

晋献公非常惊讶，连忙问她原因。骊姬说，如果现在废申生而立奚齐，而太子并无过错，那么朝臣必定纷纷反对，而且这么做必然会影响晋献公和太子申生的父子感情。

听完骊姬的话，晋献公大为感动。

骊姬又说，既然晋献公担心太子申生谋权，倒不如让他去征伐戎狄，这样就可以避免太子派整日在一起谋划夺权篡位了。

晋献公一听，频频点头。

晋献公哪里知道，骊姬之所以提议让他派太子申生去开疆拓土，实际上是想让太子申生死在战场上。因为一旦申生死在了战场上，那么她的儿子也就可以顺理成章地坐上太子之位了，因为自己的儿子是嫡子。可如果现在就废掉申生立奚齐，必定会引起朝臣不满，这对她和儿子奚齐都极为不利。

不过，骊姬没有想到的是，她的计划彻底失败了。太子申生不仅没有战死，反而屡建奇功，而太子的拥护者也因此更多了。

骊姬觉得她必须亲自出手了。

当然，骊姬并不会直接杀掉太子申生，工于心计的她找到了两个人，这两个人就是晋献公的男宠。

在历史上，晋献公是个极为另类的君主，他不仅喜欢女人，还喜欢男人，因而，他不仅有骊姬这样的女宠，还有梁五和东关嬖五这样的男宠。

骊姬是个极富政治野心的女人，对于她来说，拥有君主的宠爱只不过是实现其野心的手段，她的目的是拥有整个晋国。因而，她并不嫉妒晋献公的那些男宠。毕竟那些男宠不能为晋献公生下太子，所以也就不能侵害她的核心利益，对她构不成威胁。因此，骊姬不仅和晋献公的那些男宠相处得很好，而且和他们结成了同盟。

于是，从骊姬那里得到了好处的梁五和东关嬖五，在晋献公面前不断说太子申生的坏话，尤其是晋献公最担心的太子篡位问题。

这时，骊姬却又假意在晋献公面前替太子申生申诉，说太子申生毕竟是晋献公的儿子，作为夫人，她不愿意看到他们父子不合，她希望能帮助他们父子缓和关系。

晋献公一听，更为感动了。

于是，骊姬假意宴请太子申生，并在吃饭时，故意挑逗太子，而太子不为所动。之后，她又在晋献公面前哭诉太子想要调戏她。

晋献公信以为真，一怒之下，想要杀了太子申生，骊姬却又跪着帮太子申生求情，说如果杀了太子申生，太子派肯定会报复她，甚至杀了她的儿子奚齐。

那该怎么办呢？晋献公问骊姬，骊姬说，不如让太子申生去曲沃看守祖庙。

晋献公一听，连连称善。于是，他便将太子申生派去了故都曲沃。

IV

晋献公派太子申生去曲沃，看似对他委以重任，实际上已经剥夺了申生的太子之位。

　　当然，被调离都城的并不仅仅只有太子申生，还有公子重耳和公子夷吾。在晋献公的八个儿子里，除了太子申生能力出众外，公子重耳和公子夷吾同样也很出色。

　　骊姬为了免除后患，于是建议晋献公说，除了曲沃这个地方比较重要外，蒲城和屈城也很重要。而公子重耳和公子夷吾如此出色，就让他们去管理吧！

　　就这样，公子重耳被调到了蒲城，公子夷吾被调去了屈城。

　　虽然如此，骊姬并不甘心，毕竟晋献公还没有废掉申生的太子之位。

　　随后，骊姬让人带信给在曲沃的太子申生，说晋献公梦到了他的母亲齐姜，让他先去曲沃祭祀母亲，然后把祭祀用的胙肉献给晋献公。

　　如果太子申生没有在曲沃，那么他的支持者，特别是里克，一定会提醒他。因为在他被调去曲沃时，里克就曾说过，这一定是骊姬在背后搞鬼，她一定是想立自己的儿子奚齐为太子。太子申生却说，曲沃是晋国的故都，非常重要，而且自己的祖父当年就是在曲沃成为晋国君主的，因而父亲这么做，肯定有他特别的用意。如果晋献公真想废掉自己，改立奚齐，那么完全不必让他驻守曲沃，直接废掉他就行了。

就这样，太子申生在祭祀完母亲后，依骊姬所说，拿着祭祀用的胙肉回到了宫里，想要直接献给父亲，结果晋献公正好出去打猎了，他便听从骊姬的吩咐，将胙肉放在了宫中。

骊姬先是暗中派人在胙肉里下了毒，晋献公回来后便命人将胙肉拿给他，说是太子申生献上的。当晋献公正要吃时，骊姬又赶紧劝阻说，这胙肉是从曲沃带过来的，为了安全起见，还是不要直接吃为好。

于是，在让一条狗吃了胙肉后，那条狗很快中毒死了。

晋献公大惊失色，而骊姬先是装作震惊，接着便号啕大哭起来，痛骂太子申生太狠毒了，连自己的父亲都要害死。随后骊姬又说，太子申生之所以连父亲——君王都敢谋害，肯定是痛恨自己和奚齐。既然他如此痛恨他们母子，一定会在即位后杀了他们。

骊姬说完后，哭着请求晋献公把他们母子俩都杀了，或者送他们去其他国家避难。

晋献公震怒不已，立刻派人去杀太子申生。

那时候，太子申生还在宫中。在得到消息后，太子申生连夜逃回了曲沃。

太子申生身边的人让他向父亲申辩，说明这一切都是骊姬的阴谋。太子申生却拒绝了，说他不愿意这么做，因为父亲年龄大了，已经离不开骊姬了。于是，又有人向他建议，让他逃到其他国家去，可太子申生还是拒绝了，说他如今背负的是杀父弑君的罪名，如果逃跑了，不就更加证明他的大逆不道了吗？况且，依照如今自己的情况，又有哪个国家肯接纳他呢？与其这样，倒不如死了更好。

就这样，太子申生上吊自缢了。

第三章

骊姬逼公子重耳、夷吾外逃

V

　　太子申生的死，并没有让晋献公醒悟过来，反而认为他是畏罪自杀。

　　而在太子申生自杀后，骊姬又将矛头转向了重耳和夷吾。她对晋献公说，她听说重耳和夷吾也参与到了太子谋杀晋献公的计划中。

　　于是，晋献公先是出兵讨伐蒲城，后又在次年，出兵讨伐屈城。不过，公子重耳和公子夷吾却没有选择像太子申生那样，要以死来表明自己的清白。他们在太子申生死后，已经预感到了自己的结局，因而，在晋献公发兵征讨时，他们便逃往了其他的国家。

重耳逃去了翟国，夷吾则去了梁国。

其实，晋献公在决定立奚齐为太子时，已经决定除掉自己的三个儿子了，因为若要奚齐顺利即位，就必须杀掉三人，即便他们也是他的儿子。

为了晋国的君位，不惜手足相残，血流成河。这是晋献公的父亲——晋武公就曾做过的事。

春秋时期，各国国君除了即位的新君外，其他旁支后裔，"公室""公族"等，均出任大夫、卿等职，也就是说，都是辅佐君主的重臣或幕僚。晋国在公元前746年之前都是如此。不过，公元前746年，晋昭侯姬伯把曲沃封给叔叔姬成师，也就是历史上的曲沃桓叔，改变了这一切。

此后，晋国就出现了以翼城的晋侯为正统君主的"大宗"，以及以"曲沃"为"公室"的"小宗"。不过，由于曲沃比晋国都城翼城更大，这便让曲沃桓叔有了夺权、称君的念头，不过始终未能如愿。公元前731年，曲沃桓叔带着遗憾离世，他的儿子姬鱓继位为曲沃庄伯。

曲沃庄伯姬鱓想要完成他父亲曲沃桓叔未了的心愿，因而屡屡夺权，但都以失败告终。甚至到了公元前725年，曲沃庄伯还率兵去翼城杀了当时的晋国国君晋孝侯，可晋国人马上又拥立了晋孝侯的儿子姬郄继位，为晋鄂侯，因而曲沃主伯姬鳝依然未能如愿，只得再次退回曲沃。

公元前716年，曲沃庄伯姬鳝去世，他的儿子姬称继位，为曲沃武公。

公元前709年，曲沃武公姬称发兵攻打晋国都城，并在历经数十年战争后，杀死了晋哀侯姬光、晋小子侯姬小子、晋侯缗姬缗三任晋国国君。公元前679年，曲沃武公姬称成为晋国君主，为晋武公，建都曲沃。

在夺取政权后，为了防止他人效仿，晋武公姬称将原晋国公族后裔悉数诛灭，以便为后世子孙筑就君权之路。

然而，晋武公姬称很快就死了，儿子姬诡诸继位，为晋献公。

公元前677年，晋献公效仿父亲，将晋武公的旁系子孙，也就是所谓的"桓、庄之族"悉数诛灭。不仅如此，他还废除了原本的公族大夫制度，改用异性人才士蒍、荀息、里克等人为大夫和卿。

虽然他的做法十分残忍，但任用异姓人士为大夫和卿这一举动则打破了春秋时期各国的人才任用制度。也正因如此，在其他国家借助公族执政时，晋国才会率先广纳天下人才，因而国力日渐强盛。

换句话说，即便晋献公没有受到骊姬的蛊惑，一旦他死后，奚齐坐上君位，也很有可能效仿他的做法，杀死重耳和夷吾。

VI

申生自杀身亡，重耳和夷吾纷纷逃离晋国。骊姬的儿子奚齐顺理成章地被立为太子。

按理说，在儿子奚齐被立为太子后，骊姬算是得偿所愿了。可人的欲望是无止境的，骊姬在儿子奚齐被立为太子后，又不断地怂恿晋献公继续开疆拓土，称霸中原。

公元前656年，就在重耳逃亡的当年，晋献公完成了"假道伐虢"大计，接连吞并劲敌虢国和虞国。

虢国和虞国与晋国为邻，虽然当时虞国的国君虞公整日只知享乐，对晋国毫无威胁，但由于虢国和虞国早有同盟，且虢国的国君虢公喜好征伐，是晋国的劲敌，因而若一个国家有事，另一个国家则会支援。所以，不管是伐虞国还是虢国，晋国想要灭掉它们，都不是一件容易的事。

不过，想要称霸中原，就必须吞并两国。为此，晋国大臣荀息献计称，可以先离间两国关系，破坏其盟约，让他们不再互相支持。

为了离间两国，荀息在得知虞公喜欢宝物后，将良马和晋献公最喜欢的垂棘璧送给了虞公，以讨虞公的欢心。随后，晋军又在晋国与虢国的边境上故意制造事端，屡屡进犯虢国边境。另一边，他们则对虞公说，虢国无道，晋国要主持公道，要借道虞国以征伐虢国。

虞国大臣宫之奇看穿了晋国的阴谋，劝谏虞公说，虞国与虢国唇齿相依，一旦虢国灭亡，虞国也就危险了。但虞公因为得到了晋国的好处，且觉得得罪一个和自己国力相当的虢国，总好过得罪比自己强大得多的晋国。

结果，晋国通过虞国突袭虢国后，又在回程中灭了虞国。

因为"假道伐虢"的成功，晋献公便将荀息视为亲信，那个曾经帮他开疆拓土的大将里克却日渐被疏远了。

　　当然，晋献公疏远里克，重用荀息，还有一个重要原因，那就是里克是原太子申生的坚定支持者。自太子申生自杀后，里克对晋献公颇为不满，再经过骊姬一番渲染后，里克便逐渐由重臣变成了弃臣。

　　对于自己为何会成为弃臣，里克心里很清楚，而对于原太子申生的死，里克更是耿耿于怀，他发誓要为申生报仇雪恨。因而，他一直在寻找机会，除掉导致这一切恶果的骊姬和奚齐。

第四章

晋国大乱

VII

人算不如天算！

人世间的很多事皆是如此，计划虽好，奈何天不遂人愿。晋献公原本想先替太子奚齐打下一片天地，同时悉心培养他，将他培养成自己优秀的接班人。然而，没等奚齐长大成人，他就一病不起了。

晋献公是在灭掉虢国四年后，在他雄心勃勃，觉得称霸中原已经指日可待时，突然生了重病的。这一病，他便再也没有起来，并于公元前651年去世了。晋献公死的时候，太子奚齐刚满十四岁，而少姬的儿子卓子才不过一岁。

知道自己时日不多，晋献公最担心的是太子奚齐。于是，他将太子奚齐托付给足智多谋的荀息，他相信在荀息的辅佐下，奚齐一定能够成为一个好君主。可他没有想到，虽然荀息既忠诚，也有谋略，却只是个文臣。文臣有谋略，却没有兵权。因而，虽然他遵从晋献公的遗嘱，将奚齐扶上了君位，那君位却摇摇欲坠。

新君只有十四岁，公子重耳、夷吾却又逃亡在外，晋国的朝臣们深感不安。这种不安，骊姬也感觉到了。其实在晋献公病危时，骊姬已经开始感到不安了。她没有想到，不等儿子长大，他们的靠山就倒了。

骊姬后悔极了，后悔自己没有早一点笼络卿大夫——里克。不仅没有笼络他，还在原太子申生死后，向晋献公吹枕边风，让他疏远里克，导致了里克的怨恨。

当然，她更恨自己为什么没有在晋献公健在时就杀了里克。

一直以来，骊姬都将晋献公当成她和儿子的靠山，确实，在晋献公健在时，里克根本不足为患，晋献公一死，里克便成了她和儿子奚齐最大的敌人，

里克在朝中威望极高，一呼百应，最重要的是他执掌着

兵权。

骊姬的担心没有错，里克等待的就是这一天。里克痛恨骊姬母子，若非如此，他也不会在原太子申生已经自杀身亡的情况下，一定要杀死已经成为君主的奚齐，毕竟他也不愿意背上弑君的罪名。因而，当晋献公一死，他便开始了行动。

他联合已经自杀的申生、逃亡的重耳和夷吾的余党起兵，同时派杀手进宫刺杀奚齐。

就这样，年仅十四岁的奚齐便成了这场政变中的第一个牺牲品。

骊姬在晋献公病危时，就想到过儿子奚齐的结局，所以在儿子奚齐即位后，她一直生活在恐惧中。她不断地占卜，希望能改变儿子的命运，可儿子还是死于非命。

虽然早有心理准备，但这样的结果，还是让骊姬痛不欲生。

难道就这样认输了吗？几近疯狂的骊姬显然并不甘心，她从骊戎来到晋国，就是为了能够让自己的血脉成为晋国的君主，将整个晋国掌握在自己的手中。绝望之际的骊姬，想到了妹妹少姬和晋献公的儿子卓子。

当初，让妹妹少姬和自己一起进宫，不就是为了今天吗？如今，自己的儿子奚齐虽然死了，可妹妹少姬的儿子卓子还在。虽然卓子只有一岁，可只要有荀息辅佐，他照样能当个好君主。

于是，骊姬和荀息商议，拥立卓子为君。

荀息答应了，可等他们把卓子拥上君位后，大力士屠岸贾便暴动了。这暴动，自然也是里克策划的。

大力士屠岸贾带着军士杀进宫中，摔死了无辜的卓子。

自己的儿子被暗杀了，妹妹的儿子又被摔死了。没有了任何寄托的骊姬，知道大势已去，于是便投井自尽了。

恨透了她的里克怎么可能让她如此轻易地死去？他命人将骊姬的尸体打捞出来，然后鞭尸以泄愤⋯⋯

VIII

骊姬虽然死了，可她对晋国的政局造成了极为深远的影响。对于这段历史，对骊姬用笔最多的司马迁在《史记》中是这么记载的："及破骊戎，获骊姬，爱之，竟以乱晋。"看来，"骊姬乱晋"的罪名是洗脱不了了。

而据《国语》记载，骊姬不仅和"二五"（梁五与东关嬖五）狼狈为奸，而且和一个叫优施的人有私情。甚至有人说，骊姬的很多计谋，其实都是优施替她出谋划策的。

不管骊姬和优施有没有私情，但因为她，晋国的混乱一直在持续，而且在晋献公死后，变得更加严重了。

里克在派人连杀了奚齐和卓子两位君主后，不仅将骊姬鞭尸，而且逼死了荀息。

荀息是一代谋臣，却因为支持骊姬而死，可谓晋国的一大损失。当然，晋国的另一个重大损失就是文韬武略兼备的原太子申生的死。

奚齐和卓子死后，又要扶谁坐上君位呢？里克思来想去，最后接回了逃亡梁国的夷吾。

公元前651年，夷吾被拥立为新君，为晋惠公。

然而，里克一直以来都是申生的坚定支持者，对于晋惠公夷吾来说，虽然里克拥立自己坐上了君位，可里克能连弑两君，又怎能保证他不杀自己呢？

晋惠公夷吾越想越担忧。于是，他先是削夺了里克的军权，并不断在军中安插自己的亲信，后来索性派人将里克的家包围起来，逼里克自杀。

就这样，为晋国开疆拓土的统帅里克死了。虽然他的死，看似因晋惠公夷吾逼迫所致，可又有谁能说不是因为骊姬呢？

曾经，晋献公因有谋臣荀息和统帅里克，而让晋国从一个并不起眼的小国，变成了令人忌惮的大国。

曾经，晋国强大的军力，强盛的国势，让它具备了称雄于诸侯的实力。

曾经，晋献公虽然用血腥和残忍的手段，诛灭公室亲族，但在政治和军事上，能力非凡。

却因为一个骊姬，晋国的所有优势悉数变成了过往，在晋献公死后，国内陷入大乱。

晋国的内乱，不仅使它与中原霸主失之交臂，而且在之后近十年里，晋国都处于君位争夺战的旋涡中，被天下人耻笑。

这种耻笑，从《国语·晋语一》中的"床笫之不安邪？抑骊姬之不存侧邪？"可见一斑。意思是说，您晚上没睡好？是因为骊姬不在身边吗？

晋献公因为骊姬没有睡在身边而无法安眠，而骊姬却让整个晋国都处在动荡不安中，让朝臣、百姓都无法安眠。

nine

玖

钟无盐称后
齐国大治

或许正是因她尴尬的身份，让百姓对她产生了无限的同情。于是，民间渐渐流传起了『无事夏迎春，有事钟无盐』的传说。

丑女钟离春

I

　　春秋时期是中国历史上第一个大混乱时期，处于内乱口的并不仅仅是晋国，还有春秋四大强国之一的中原霸主齐国。

　　齐国是周武王姬发赐给姜子牙的封地，都城在营丘，到了第七任君主齐献公姜山时期，将营丘改为临淄。

　　齐国的开国之君是姜姓吕氏，自建国便富甲一方。传到齐桓公时，在良相管仲的辅佐下，齐国成为春秋五霸之首。不过，到了齐桓公晚期，由于良相管仲的去世，齐桓公开始任用佞臣易牙等人，致使齐国开始日渐衰败。

　　齐桓公晚年不仅任用奸佞之人，还重用从陈国流亡到齐国的妫姓田氏田完，为姜姓吕氏被妫姓田氏取代埋下了隐患。

齐国在传到齐康公时，由于齐康公常年沉湎于酒色，将政事都交给田完的后人——齐相田和处理，致使田和渐渐有了篡位之心，并在公元前386年，将齐康公流放到临海的海岛后，自立为君。

公元前386年，田和被列为诸侯，姜姓吕氏齐国正式被妫姓田氏齐国取代。

公元前320年，第四位妫姓齐国君王齐威王田因齐去世，儿子田辟疆继位，为齐宣王。

齐宣王在位期间，因打败魏国，一战成就威名。面对各国的纷纷朝贺、纳贡，他开始有些飘飘然，日日沉湎于酒色和享乐之中。

齐宣王的荒唐之举，让齐相田忌很是担忧，他几次劝谏都不起作用。

最终，田忌郁郁而终。

田忌死后，齐宣王更是夜夜笙歌，身边全是奸佞顽劣、阿谀奉承之人。而周边一些国家则开始趁机屡屡进犯、骚扰齐国，其中就有与齐国无盐邑相邻的赵国。

刚开始的时候，赵国还只是试探性地骚扰，见齐国没有反应，胆子也就日渐变大了起来。他们时不时地进入无盐邑，烧杀抢掠，无恶不作。

不过有一天，当赵国一些散兵游勇抢掠一个村庄时，却被一个长相丑陋的中年女子打得屁滚尿流，仓皇而逃。

这个长相丑陋的中年女子叫钟离春。

钟离春遇到赵国的几个士兵时，正在桑园的一隅练功，而桑园里还有一群采桑女一边采桑，一边说笑。

见几个采桑女长相清秀，赵国士兵邪念顿生，立即扑了上去。采桑女们则吓得一边尖叫，一边四散而逃。

采桑女的尖叫声传到了正在练功的钟离春的耳朵里，她提着刀就冲了过去。

看到几个赵国士兵正围着两个采桑女戏谑，钟离春先是大吼一声，接着便冲上前去，暴打几个赵国士兵。赵国士兵大惊失色，不敢抵挡，口中大叫着"妖怪"，纷纷落荒而逃了。

赵国的士兵之所以看到钟离春大叫妖怪，是因为钟离春的样子长得实在太丑了，她不仅皮肤黝黑，眼睛凹陷，额头高耸，肚子滚圆肥大，配上一颗硕大的脑袋，而且长着比男人还大的喉结……

正是因为这副长相，钟离春在历史上被称为四大丑女之一。当然，因为她是无盐邑的人，所以她又被称为钟无盐。

II

钟离春家境尚可，父亲曾是齐国的地方小军官。虽然从小长相丑陋，但钟离春的父母还是希望她能学做女红，以便长大后能嫁出去。可钟离春对女红丝毫不感兴趣，她感兴趣的是刀枪棍棒，因而，很小的时候，她便跟着兄弟们一起习武了。

除了习武，钟离春还喜欢看书，当然，她所看的书，也大多是与战争、谋略有关的兵书。因而，她不仅武艺高强，而且才智过人。

因为长相丑陋，又整天舞枪弄棒，钟离春到四十岁时还没有嫁出去。父母见她如此，却也无可奈何，也只好听之任之了。

那天在救下几个采桑女后，钟离春又听说无盐邑的其他地方也遭到了赵国士兵的抢掠，很是气愤，便发誓不将赵国士兵赶出无盐邑决不罢休。

然而，当她回家和父亲说起此事时，父亲却告诉她，凭她一己之力，根本不可能赶走不时骚扰家乡的赵国人。即便她赶走了无盐邑的赵国人，依然还会有其他国家的人来侵扰齐国的其他地方。

那天晚上，钟离春翻来覆去难以入眠。她想，齐国也曾是中原霸主，怎么能这样任由其他国家欺侮呢？

钟离春对政局颇有研究，也时常和父亲、兄弟谈论国事。她知道，齐宣王即位后，曾因重用田忌和孙膑，整顿国政而让齐国兴盛一时。也曾在韩国求救时，帮助韩国击败魏国，并杀死了魏国的大将庞涓。

可之后呢？因为战胜了魏国，各诸侯国都对齐国颇为忌惮时，齐宣王却狂妄自大，开始整日沉湎于淫乐，不仅在城内建造宴乐宫、雪宫，还整日与美女在雪宫淫乐，甚至在郊外开辟四十里的苑囿来狩猎……换句话说，正是因为齐宣王不理朝政，亲近佞臣，远离忠臣，这才给了其他国家以可乘之机。

钟离春意识到问题所在后，心急如焚，第二日便告别父母兄弟，要赶往都城临淄，面见齐宣王。

"齐国已经处在危险的边缘，我一定要让大王知道局势的严重性！"钟离春说。

父母及家人虽然觉得她的话很可笑，可又知道她的脾气，凡是她决定了的事，便是九头牛也拉不回来。既然如此，那就让她去临淄碰一鼻子灰吧！

父母兄弟都没有想到，钟离春这一走，就正式踏上了齐国的政治舞台，成了春秋时期齐国赫赫有名的女英雄。因而，钟离春走出家门的那一刻，便成了她一生中最关键的转折点。

III

春秋战国时期，战争此起彼伏，局势变幻莫测，各国的"民本思想"颇为盛行，即使是个平头百姓，只要有自己的想法，也可以毫无顾忌地去求见国君，陈述自己的观点，提出利国利民的方针政策。

这也是颇具政治头脑和远大志向的钟离春，在看到齐国政治腐败、国事昏暗，齐国君主齐宣王只喜逢迎、追求享乐时，毅然决然地要去求见齐宣王，救国救民的主要原因。

当然，虽然"民本思想"盛行，平头百姓也可以提出自己的治国理念，可要想见到齐宣王并非易事，而让齐宣王采纳自己的建议更是难上加难了。

钟离春很清楚地知道这一点，所以一路上都在琢磨，到了临淄后，她要如何才能见到齐宣王，毕竟想见到他，需要越过重重关卡。

长相娇艳妩媚的女子，也许可以凭借自己的容貌，求别人给自己行个方便，可自己长相丑陋，别人一看要么厌恶，要么害怕，甚至都不敢让自己靠近……

最终，快到临淄时，钟离春想到了一个方法，那就是出奇制胜。

"我叫钟离春，来自无盐邑，因为长相丑陋，四十岁还未嫁人，如今我要自荐做大王的妻室！"

钟离春的这句话，瞬间惊呆了看守临淄城门的众位士兵。

原来，守城的几个士兵看见从远处走来的钟离春，正在打赌猜测她是男人还是女人。他们觉得，看长相，钟离春像个男人；可看穿着，又是个女人。最后他们一致认定，钟离春既不是男人，也不是女人，就是个怪物。

因而，他们高高扬起了手里的武器，准备在钟离春再靠近些的时候，将她擒获。可没等他们动手，钟离春先说话了。听完她的话，几个士兵惊得瞠目结舌，说不出话来，差点丢掉手里的武器。他们面面相觑，完全不敢相信自己的耳朵。

钟离春早已习惯了别人看到自己时的样子，所以也毫不介意，又将自己的话重复了一遍。

几个士兵愣怔半晌，终于回过神来，先是互相看了一眼，接着便哈哈大笑起来。

他们之所以大笑起来，除了因为钟离春容貌丑陋，却妄想要当君主的妻妾外，还因为他们从来没有听说过，一个女人会自荐做别人妻妾的。

　　当然，笑过之后，他们就放钟离春进城去了。而放她进城的原因，既是好奇，也是想看笑话，他们想看看齐宣王见到钟离春后的可笑场面。为此，他们不仅放她进了城，还告诉她齐宣王现在正在雪宫。由于担心钟离春一时找不到雪宫，他们甚至找了个人专门带她前去，可谓煞费苦心。而此时的齐宣王正在雪宫和几个美女、亲信，一边畅饮，一边欣赏歌舞。

　　到了雪宫门口，当雪宫的卫士听说钟离春要面见齐宣王，且是为了自荐做大王妻妾时，反应就和守卫城门的士兵一样，他们先是哈哈大笑，然后便带着好奇甚至是一种恶作剧的心理，放她进去了，不仅放她进去，还专门派人去向齐宣王通报。

　　因为好奇，因为从未见过如此丑陋的人，说如此可笑的话，他们加速了钟离春见到齐宣王的进程。当然，这一切都在钟离春的计划之中。

　　那时候，钟离春并非真的想做齐宣王的妻妾。这只是她的策略，因为她知道，如果按照原计划，她开门见山便说要劝谏，别说她长得丑陋，就是长得美艳动人，都未必会有人给她通报。即便有人给她通报，齐宣王也不一定会听从她的劝谏，可她如果说要做君主的妻妾，那就大不相同了。

果然，齐宣王在听到侍卫通报说宫外有个女人要自荐做他的妻妾时，先是一愣，接着便好奇起来。

这是个什么样的人呢？带着这样的疑惑，齐宣王同意面见钟离春。而钟离春，凭借一句话，一步步走到了齐宣王的面前。

第二章

钟离春劝谏

IV

钟离春进入装饰奢华的雪宫，边走边看，越看心中越是气恼。也就是在那时，她动了一定要做齐宣王夫人的念头。

齐宣王在等待钟离春的时候，既好奇又充满了期待，因为他不知道这到底是个什么样的女人，能自信到自荐做他的妻妾。

齐宣王知道，想做他妻妾的女人很多，却从未有人自荐过。

然而，当钟离春慢慢向他走来时，他震惊得瞪大了眼睛，脸上的表情瞬间僵住了。他的震惊程度，完全超越了守卫城门的士兵和雪宫门口的卫士，他甚至一度以为是自己眼花了。直到他身边的美人在看到钟离春的那一刻，吓得惊声尖叫起来，他才缓过神来。

雪宫里的人先是震惊，接着纷纷掩口偷笑了起来，同时，还偷偷瞄着齐宣王，观察他的反应。

一切皆在预料之中，钟离春面不改色心不跳，在行了跪拜礼后，大声道："民女钟离春，因倾慕大王美德，愿执箕帚，听从差遣！"

刚刚还怔在那里的齐宣王，因为钟离春的这句话而彻底清醒，并随即哈哈大笑起来。那些刚刚被吓得花容失色的美女们，也都抬起头，捂着嘴哧哧地笑。而那些偷笑的臣子、侍卫、侍女，也都跟着哈哈大笑起来，一边笑还一边朝钟离春指指点点。

整个场面瞬间有些失控。

钟离春脸上没有一丝笑容，她就那么静静地看着齐宣王。

齐宣王笑够了，看了看身边的美女，又用看小丑的眼神看着钟离春，意思是说，我身边的女人个个国色天香，怎么可能会要你这么丑的女人做妻妾？

那一刻，齐宣王以及身边的美人、亲信，都是满脸的兴奋，就像他们刚刚看了一场滑稽表演一样。

钟离春丝毫不理会众人的嘲弄。她先是咳嗽两声，然后做了一连串动作：抬头瞪眼，张嘴露齿，举起粗壮的手臂，双手拍打膝盖。

钟离春在做这几个动作的时候，动作幅度很大，表情很是夸张。瞬间就吸引了所有人的注意力，原本的笑声和吵闹声消失不见了，全场鸦雀无声，都静静地看着钟离春。

"大王知道民女的意思吗？"钟离春问齐宣王。

齐宣王摇摇头，他回头看看身边的亲信，众亲信也都摇头。

钟离春此时做这四个夸张的动作，就是为了激起齐宣三的好奇心。因为她知道，她想要说的话，很可能孟子都已向齐宣王说过了，只是齐宣王没有放在心上罢了。

V

齐宣王确实被钟离春奇怪的表情和夸张的动作吸引住了，他示意钟离春说下去。

钟离春说，可以，但齐宣王必须先恕她无罪。

"恕你无罪！"齐宣王说。他急于想知道这个丑女人还会说出什么惊人的话来。

钟离春看看齐宣王，又看了看他身边的亲信和众多的美女们，然后摇摇头，连说四声好险！

一听"好险"两个字，齐宣王急了，催促钟离春快说。

钟离春说："如今的齐国，正面临四大危险。第一大危险是，秦、楚两国对齐国虎视眈眈，大王您却内政不修，忠奸不辨，太子不立，整日只知道沉湎于声色犬马、温柔之乡；第二大危险是，在齐国百姓并不富裕的时候，大王您却建筑高耸入云的雪宫，雪宫里不是镶有黄金珠宝，就是装饰着彩缎丝绢，简直就是利令智昏，百姓已经怨声载道了；第三大危险是，如今，大王您亲近佞臣，致使贤良之士纷纷退出隐居，没有真正的劝谏者，您无法了解百姓的疾苦；第四大危险是，大王您四处征选美女，只知花天酒地，对内不理朝政，对外不修诸侯之礼。"

钟离春的话铿锵有力，再辅以略显夸张的动作，极具感染力，因而，她的话不仅让齐宣王感到了恐惧，就是雪宫中的其他人，也都有一种大祸将临的危机感。

　　见大家都愣愣地看着她，钟离春在稍停片刻后，突然大声对齐宣王说："这四大危险，让齐国危机四伏，如果大王您不悬崖勒马，任何一个危险，都可能导致城破国亡。"

　　在场的所有人都吓得颜色更变，他们都直直地看着齐宣王。

　　钟离春的这句话，齐宣王听后有些生气，因而面有愠色。不过，他终究不是一个昏君，所以虽然有些恼怒，却也觉得钟离春说得不无道理，甚至心中有所触动。

　　这种触动，让齐宣王对钟离春开始刮目相看起来。他仔细打量着钟离春，没想到一个如此丑陋的民间女子，竟然会有这等非凡的学识和见解。

　　"那要怎么做才好呢？"齐宣王沉默片刻后问道。这是他第一次在钟离春面前认真请教。

　　钟离春毫不客气，接着说道，她刚刚的举目瞪眼，是让大王观察天下风云变化；张口露齿是让大王听听贤臣的劝谏；抬臂挥手，是让大王赶走阿谀奉承之人；双手拍打膝盖则是希望大王不要沉湎于酒色，拆除这座雪宫。

齐宣王听后，再次面露愠色。

钟离春怕齐宣王治自己的罪，于是继续说道："民女听说，'君有诤臣，不亡其国。父有诤子，不亡其家'，如今大王沉湎于酒色，不纳忠言，整日只让奸佞之人围绕身边，还耗费大量财力、物力、人力，修建如此奢华的游乐宫殿，致使国库空虚，民不聊生，若有外敌入侵，我们又当如何抵挡呢？民女如今冒死劝谏，只是希望大王能采纳民女的忠言，如果大王采纳了，民女就是死了也心甘情愿。"

钟离春说到这里，心中颇为动情，眼含泪光。齐宣王脸上的愠色，逐渐变成了愧意。他看着钟离春说："幸好你及时提醒寡人，如若没人提醒，寡人还蒙在鼓里，你真是寡人的镜子啊！"

这时候的齐宣王，已经对钟离春产生了极大的兴趣。当然，他更想知道的是这个极丑的女人，在说出这番令他备感吃惊的话之后，还会做出什么令他感到震惊的事来。

第三章

钟离春强齐

VI

　　齐宣王见识了钟离春的非凡才华后，便想对她予以重用，问她想要做什么官。

　　钟离春摇摇头说，如果齐宣王真的愿意挽留她，那就让她做齐宣王的王后吧。

　　齐宣王原本是有一个王后的，只是早已去世了，齐宣三也一直想要再立王后，可身边的美人实在太多，他一直拿不定主意要立哪一位，因而也就导致王后之位悬而未决。

　　当然，虽然齐宣王知道钟离春有治国之才，而且也想重用她，却不想让她做自己的枕边人，毕竟如此丑陋的女人，怎么能跟她同床共枕？

钟离春看出了齐宣王的心思，故意夸张地挥挥手说："既然大王宁愿灭国，也不愿意立民女为后，那民女就告辞了。"

钟离春说完话，转身大踏步地向外走。

齐宣王看着钟离春那丑陋的背影渐渐远去，心想，如果国家亡了，别说他身边还有没有美娇娘，就是自己的性命恐怕也难保。况且，即便立她为王后，又能如何呢？自己是一国之君，身边照样会有美娇娘的。

齐宣王想到这里便赶忙叫住了钟离春，说愿意立她为后。

就这样，丑得没人娶的四十岁的钟离春，成了齐宣王的王后。

其实，对于钟离春来说，当不当齐宣王这个王后，一点儿都不重要。而她之所以一定要做王后，是因为她知道，齐宣王的身边，必须有个人时刻督促他，提醒他，只有这样才能让他不至于重蹈覆辙。

换句话说，钟离春的这个王后，其实是给齐宣王出谋划策的幕僚。

自钟离春做了齐国王后，齐宣王便兑现承诺，拆除了雪宫，退去女乐。

之后，针对赵国屡屡侵扰无盐邑之事，钟离春告诉齐宣王，之所以他从未听大臣们说起过，是因为那些人只知报喜，从不报忧，欺上瞒下，整天只知道谄媚君主。

事实确实如此，因为那些佞臣的欺瞒，齐宣王自以为齐国强盛无比，周边小国提起齐国都会胆战心惊，所以根本不敢骚扰齐国。自然，他也不相信赵国会屡屡进犯齐国，因为齐国曾有恩于赵国。

齐国曾经出兵攻打魏国，就是因为当时的赵国向齐国求救。而为了解救赵国，齐宣王不仅出兵击败了魏国，还杀了魏国的大将庞涓。

齐国有恩于赵国，赵国却侵扰齐国，齐宣王的愤怒可想而知，他先是赶走了报喜不报忧的佞臣邹衍等人，接着封齐国的功勋之臣田婴为郭靖君，奉孟子为座上宾，然后下令讨伐赵国。

可由谁做统帅呢？

钟离春自告奋勇，自荐率兵出征。她说，无盐邑是她的家乡，她熟悉当地的地形，且无盐邑还有跟她一同习武的几百名村民可用。齐宣王虽然见识了钟离春的政治才能，却对她能否率军作战有所怀疑。

钟离春说如果齐宣王不相信，可以先让她和齐国的将领们比试一下。结果，钟离春无往而不胜。

虽然钟离春武艺高强，可她毕竟没有率兵作战的经验，齐宣王还是有些犹豫不决，直到上卿淳于髡说他愿意做监军，助钟离春伐赵。

最终，钟离春率领齐军，在上卿淳于髡等人的协助下，顺利击败了赵国。

这一战之后，让钟离春除了"无盐娘娘"的封号外，又多了一个封号：无盐君。

而自有了钟离春这个丑王后，齐宣王拆雪宫、罢宴乐、除佞臣、强兵马、充国库、立太子……励精图治，齐国强盛一时，成了名副其实的"千乘之国"，与秦国并称天下双雄。

VII

公元前 314 年，曾经是战国七雄（齐、楚、燕、韩、赵、魏、秦）之一的燕国发生了内乱，原因则是当时的燕王姬哙突然决定效仿尧舜时期的禅位制，将君位传给了当时燕国的国相姬子之。可那时候，燕王姬哙早已立了太子姬平。见原本属于自己的君主之位，却变成了他人的囊中之物，太子姬平很是气愤。于是，他联合麾下的将军市被密谋发动叛乱。

当然，单凭自己和将军市被的兵力，太子姬平自知无法夺回属于自己的君位，于是他选择向齐国求助。

齐宣王一听，父位子承是天经地义的事，燕王姬哙怎么能把君位让给别人呢？齐国一定要主持正义，帮太子姬平夺回燕国。

于是，齐宣王决定出兵伐燕，而率兵出征的正是钟离春。

钟离春不仅武艺高强，而且熟读兵法，精通用兵之道，因而只用了短短的 50 天时间便拿下了燕国大片土地，而燕国的首都蓟，也即将被攻破。

然而，最终因为秦国插手阻止，以及著名的纵横家、谋略家苏秦在齐宣王面前的游说，让齐国放弃了吞并燕国的计划。

不过，钟离春的军事才能也因此声名远播。由于钟离春每次率军出征时都戴巾帼头饰——假发上插着珠宝和 6 支簪，因而"巾帼"也就成了女英雄的代名词。"巾帼不让须眉"的典故便来源于钟离春的传说。

而钟离春之所以每次出征时戴着"巾帼"头饰，是因为她头发稀少。由此可见，虽然长相丑陋，可她依然有爱美之心。

虽然钟离春也渴望拥有美丽的容貌，但她并没有丝毫的自卑，甚至在一定程度上可以说，正是因为她的丑陋，让她有充足的时间去读书、习武、思考人生。也正是因为学养深厚，才让她有足够的自信和勇气毛遂自荐，并最终成就了她传奇的一生。

钟离春，在用她的学识、智慧和勇气改变自己命运的同时，也改变了齐国的命运。也正因如此，历史学家曾评价道："齐国大治，丑女之功也！"而在民间也流传着这样一句话："无盐娘娘生得丑，她为齐国定邦基。"

其实，钟离春虽然名义上是王后，实际上，她却只是借"王后"之名，行谋士和将军之实罢了。

或许正是因她尴尬的身份，让百姓对她产生了无限的同情。于是，民间渐渐流传起了"无事夏迎春，有事钟无盐"的传说。

这位容貌娇美，深受君主宠爱的"夏迎春"，虽然只是大家虚构出来的一个人物，但齐宣王的身边不乏这样的美人，甚至可以说，有无数个这样的美人。

当然，即便如此，可钟离春的王后之位却一直无人能够撼动。原因很简单，齐宣王心里很清楚，"夏迎春"很多，钟离春却只有一个；齐国离了"夏迎春"可以，离了钟离春却是万万不能的。因为"夏迎春"式的女人，永远只能供君主消遣，钟离春却是可以定国安邦的基石！

虽然钟离春帮助齐国实现了中兴，历史上对她的记载却很少，她的生卒年皆不详，就连出身，也有多种说法。民间甚至传说，她是鬼谷子的弟子，和孙膑、庞涓师出同门。而之所以有这种说法，或许是因为她文韬武略皆非凡人可及吧。

或许正因如此，后人在提起她时，除了公认她是齐宣王的王后外，还会称她是中国历史上杰出的女将军、女政治家。

钟离春虽然使齐国重新变得强大起来，却因为容貌过于丑陋，所以也被后人称为中国古代四大丑女（嫫母、钟无盐、孟光、阮氏女）之一。

　　既然中国历史上有四大丑女，那就必定也会有四大美女（王昭君、西施、貂蝉、杨玉环）。她们虽容貌相差甚远，但无不在当时的乱世之中留下了自己的足迹。丑女钟无盐改变了一个国家的命运，美女西施却改变了两个国家的发展轨迹……

西施惑夫差心
助越灭吴

这些奇耻大辱他都能忍受，眼前的这些又算得了什么呢？况且，这些美人在到达吴王夫差身边时，将变成射向仇人的利箭，直刺吴国的心脏。

第一章

西施遇范蠡

I

　　越国大夫范蠡来到句无苎萝村的西村时，西施正在溪边浣纱。

　　西施原名施夷光，之所以被人称为西施，是因为苎萝村有东西两村，她家就住在西村。

　　西施从小家境贫寒，父亲是樵夫，母亲靠帮人浣纱贴补家用。聪明乖巧的西施，因为心疼母亲，很小的时候就陪着母亲到村头的小河里浣沙。长大后，西施也和母亲一样浣纱，因而又被人称为"浣纱女"。

　　范蠡原是楚国人，因不满楚国政治的黑暗，与一些有志之士投奔越国，得到了越王勾践的重用。

越国源自"于越部落",建立者为夏朝君主少康的庶子姒无余,是大禹的直系后裔,都城在会稽。越国自建国起便默默无闻,相比其他诸侯国也比较落后,更少与中原各诸侯国来往,这种状况一直持续了一千多年,直到姒允常即位。

姒允常在成为越国的君主后,一改之前的闭关自守,开始不断引进中原的先进技术,发展农业、制陶业、纺织业、冶炼业等。慢慢地,越国的国力开始逐步强盛,与此同时,他们也开始迈出对外扩张的步伐。

姒允常晚年,越国的版图已经南到句无、北至御儿、东至鄞、西至姑蔑,而野心日益膨胀的姒允常也开始自封为越王。

随着不断地对外扩张,越国和其他国家的摩擦日益频繁,到了越王姒允常执政晚期,邻近的吴国成了越国对外扩张的最大障碍。

当时,吴国位于长江下游地区,建立者是周王朝周太生的长子姬太伯,都城在梅里。吴国曾是春秋时期各诸侯国中最强大的势力之一。然而,随着越国的不断扩张,已经逐渐威胁到了吴国的势力范围,因而吴越两国时常发生战争,双方互有胜负。

公元前 496 年，越王姒允常去世，他的儿子姒勾践继位。

吴王姬阖闾得知姒允常去世，认为良机不可错过，于是亲自率兵攻打越国。越王勾践则亲自率兵迎战，并在檇李悄悄派出了一支精锐的敢死队。

越军敢死队的成员个个勇猛顽强、悍不畏死，让吴军大惊失色，仓皇撤退，导致军心动摇，吴军大败。乱军之中，吴王姬阖闾的脚趾也被越国大夫灵姑浮的戈斩断了。

不久之后，吴王姬阖闾便因伤重去世了。去世前，他叮嘱儿子姬夫差，一定要为他报仇！

吴国要复仇，越国则日夜提防，全国上下精神紧绷，军中士卒枕戈待旦。越王勾践见吴国实力日渐增强，决定先发制人，彻底消灭吴国，以绝后患。

对于越王勾践的想法，范蠡并不认同。他劝谏越王说，既然上一场战役越国大胜，且吴王姬阖闾已重伤而死，越国就不应该再次主动出击，这才符合天道。

可越王勾践执意不听。他坚持率兵突袭吴国，结果在夫椒遇到了吴王夫差派出的精锐部队，越王大败。

为了避免亡国的厄运，范蠡向越王勾践提议，向吴王夫差求和，向吴国俯首称臣。

越王勾践见大势已去，只得点头同意。而吴王夫差也答应了越国的请求，但条件是，越王勾践和他的夫人要去吴国为奴。

"坚时如磐石，韧时似皮革，柔时似湍流入溪"，范蠡时常用这句话劝谏越王勾践。而越王勾践也以此为指引，与夫人一起来到了吴国为奴，忍辱负重，含悲度日。

终于，三年之后，越王勾践和夫人以及范蠡得以重新回到了越国。对于曾经遭受的屈辱，勾践念念不忘，时刻提醒自己要励精图治，绝不可懈怠分毫。而一个庞大的复仇计划早在三年前便已在他的脑海中酝酿，在这个复仇计划中，其中的重要一环就是"美人计"。

Ⅱ

为此，越王勾践派范蠡四处寻找美女。

苎萝村的浣纱女有很多，人们却单单把"浣纱女"这个名字送给了西施，不是因为别的原因，而是因为她的美撼人心魄。

关于西施的美，历史上有一个典故，说西施在溪边浣纱时，水里的鱼儿因为被她的美貌吸引，探出头来看她，竟然忘记了游泳，因而沉入水底。也正因如此，历史上在说起她的美时，才会称她有"沉鱼"之美。

还有一个典故，说因为西施举手投足的姿态都极为优美动人，所以全村的女子都喜欢模仿她。即便是她不舒服时，手抚胸口，皱着眉头的样子，她们也纷纷模仿。其中，苎萝村东村有一位丑姑娘（史称东施）就因为模仿西施捧心皱眉的模样，而遭到众人的耻笑，故而有了"东施效颦"的传说。

美人捧心皱眉有一种娇柔之美，让人心生怜爱，而丑姑娘的胡乱模仿则给人一种矫揉造作之感，让人厌恶。

这个故事也被记载在了《庄子·天运》中："故西施病心而颦其里，其里之丑人见之而美之，归亦捧心而颦其里。其里之富人见之，坚闭门而不出；贫人见之，挈妻子而去之走。彼之颦美而不知颦之所以美。"

如此美人，怎能不吸引正四处寻找美女的范蠡的注意？

其实，范蠡初到苎萝村时，只是正巧路过。那时，范蠡已经搜罗了大量美女，虽然没有一个堪称惊艳，但他还是决定把她们都带回去。他相信，通过一系列的秘密训练，这些人中，一定有几个能成为越国的"秘密武器"。

不过，就在范蠡骑着马沿着小路一边朝前走，一边欣赏美景的时候，西施正和往常一样，踏着晨露，和几个浣纱女一起去浣纱。

西施没有想到，那一天会成为她一生中的转折点，遇到了改变她命运的人。当然，她更不可能想到，她会改变许多人的命运，甚至几个国家的命运。

西施像往常一样，在河边一边和伙伴们嬉笑打闹，一边浣纱。轻柔的细纱，纯净的溪水，溪水里倒映出浣纱女们那青春的容颜。突然，一阵马蹄声远远地传来。

浣纱女们停止了说笑，纷纷转过头去。

当时，西施正埋头将柔纱放进水里。她以为，那马蹄声很快就会消失，而随着马蹄声的消失，浣纱女们又会开始她们的嬉笑打闹。可时间突然好像凝固了。西施愣了一下，轻轻地转过头来，而这一回头，她的命运便注定了。

马背上端坐着的正是春秋时期著名的政治家、军事家、思想家，有着"商圣"之称的范蠡。

而范蠡看到西施的那一刻，不由地怔住了。西施也愣在那里，手里的纱不知何时已经掉落在水中。

在同伴们的调笑声中，西施终于意识到自己的失态，而马上的范蠡也是愣怔了半晌，随后有一种说不出的感觉涌上了心头。那一刻，范蠡知道，她就是自己一直在寻找的最好的"秘密武器"。但同时，他也知道，他喜欢上了她。

第二章

"秘密武器" 西施

III

范蠡将西施带回了他的府邸，但并不是做他的妻妾。

不管任何时代，男人和女人，对待感情的态度都是不同的。对那时候的西施来说，她在溪水边看到的那个骑在马背上的男人，就是她想一生跟随的人，不论天涯海角。而对范蠡来说，这个女人虽然深深吸引了他，他却不能拥有她，因为他是越国的大夫，因此，这个女人只能是"秘密武器"。

范蠡并非不想拥有美好的爱情，但相比越王勾践的复仇大计，他只能暂时放下这份感情，全力以赴完成越王勾践的计划。这个计划就是训练美女，迷惑吴王夫差，使其因迷恋美色而荒废朝政，进而导致其败亡。

最初接受训练的，除了西施之外，还有其他十几人，都是范蠡从各地挑选来的美女。只是，这些精挑细选来的美女，虽然个个相貌出众，礼仪和歌舞方面却颇为欠缺，包括西施也是如此。因此，范蠡首先对她们进行了礼仪、歌舞方面的训练。

据说，吴王夫差喜欢的美人，除了容貌端庄之外，还要有优美的仪态和高超的歌舞技艺。

就这样，经过第一阶段的训练后，范蠡淘汰了数人，随后训练进入了第二阶段，主要内容是歌舞。

不管是第一阶段的训练还是第二阶段的训练，西施都是其中最努力的那一个。其实，西施也不知道范蠡训练她们的目的是什么，或者对她来说，这本身并不重要，她在意的是，范蠡是否满意。因而，虽然成长于偏远的苎萝村，从小也完全不懂音乐和舞蹈，但经过她不懈的努力，最终她脱颖而出。

再次淘汰了几个人之后，范蠡开始了训练的第三阶段，这时，包括西施在内只剩下了四个人。

第三阶段的主要内容是教授她们琴棋书画，以便让她们拥有无与伦比的气质。

虽然她们都是万里挑一的美人，但毕竟是要被送去侍奉吴王夫差的，而吴王夫差身边美女如云。因而，这些美人必须拥有非凡的能力。而这种能力仅有美貌是远远不够的，还需要足够的智慧。

又经过一段时间的气质培养，再次淘汰一人后，就只剩下包括西施在内的三个人了。

这三个人，均是超凡脱俗。范蠡知道，她们中的任何一个，都足以成为吴王夫差的专宠。然而，她们毕竟不仅仅是讨好吴王夫差的玩物，还身兼迷惑吴王夫差、颠覆吴国的重任。因此她们必须足够忠诚，要禁得住一切诱惑。这是最困难，也是最重要的。

因为，凭借她们的美貌和气质，想要得到吴王夫差的宠爱并不算太困难，而随后等待她们的，将是享用不尽的荣华富贵。如果她们经受不住诱惑，那么不要说助越灭吴，很有可能还会帮助吴国对付越国。到时候，越国的"美人计"便是偷鸡不成反蚀把米了。

IV

三年后，范蠡觉得实施"美人计"的时机终于成熟了。

根据范蠡的计划，原本要派两个美人到吴王夫差的身边。而之所以要派两个人，除了两人可以互相配合、互相协助外，还可防止一旦一人出现意外，另一人可以补救，以防计划流产。

范蠡知道，这个计划不可能一蹴而就，很可能需要很长的时间。因为"伐吴"大计，本就是持久战。

范蠡在和越王勾践及夫人从吴国回到越国后，便与谋略家文仲商议对策，最后定下了"伐吴九术"。

"伐吴九术"包括："一曰尊天地，事鬼神；二曰重财帛，以遗其君；三曰贵籴粟缟，以空其邦；四曰遗之美好，以为劳其志；五曰遗之巧匠，使起宫室高台，尽其财，疲其力；六曰遗其谀臣，使之易伐；七曰强其谏臣，使之自杀；八曰邦家富而备器；九曰坚厉甲兵，以承其弊。"

也就是说，"美人计"只是"伐吴九术"中的第四术：遗之美好，以为劳其志。也就是所谓的"送美女以惑其心，而乱其谋"。

虽然范蠡训练的三个美女都能做到"惑夫差心",但经过一番斟酌,他还是选择了西施和郑旦。而两人之中,范蠡最看重的便是西施。

因为范蠡从西施的眼神和话语中,隐隐能够感觉到她对自己的情愫。因此,他确定西施绝不会背叛他,既然西施不会背叛他,也就不会背叛越国。

对一个间谍来说,忠诚比能力更加重要。而西施,不管是忠诚还是能力,显然都是最好的人选。

当范蠡最终决定把西施和郑旦送到吴王夫差的身边时,才告诉她们,这三年间的训练究竟是为了什么。

而对于要把她们送到吴王夫差身边,西施和郑旦并不意外。因为机智的她们,早已从日常的训练中感觉到了,自己的未来并不会在越王的宫中。

不过,虽然并不意外,但一想到要离开自己的家乡,她们还是有些伤感。特别是西施。当然,西施的伤感,更多的不是因为思念家乡,而是因为舍不得离开范蠡。

虽然不愿离开,但对西施来说,只要是范蠡要她做的,一定就是对的，她都会毫不犹豫地去做。

　　对于让她们潜伏在吴王夫差身边，迷惑他，让他沉湎于酒色而荒废朝政，郑旦有一丝的犹豫，因为她不知道如此重要的任务，自己是否能够完成。但对西施来说，她是必须要完成的，因为她知道这件事对范蠡的重要性。

　　之后，范蠡将西施和郑旦带到了越王勾践面前。越王勾践见如此美人却要被献给自己的仇人，心里异常愤怒。

　　范蠡看出了越王勾践的心思，悄悄对他说，大王难道忘了这三年所受的污辱了吗？

　　越王勾践怎么可能忘记？

　　三年间，身为越国的君主，因为战败，他不得不去侍奉吴王夫差，为吴王夫差铡草喂马。在吴王夫差生病时，甚至要尝他的粪便为他诊病……

　　这些奇耻大辱他都能忍受，眼前的这些又算得了什么呢？况且，这些美人在到达吴王夫差身边时，将变成射向仇人的利箭，直刺吴国的心脏。

第三章

西施惑夫差心

V

　　越王勾践派范蠡将西施和郑旦送到吴国，献给了吴王夫差。

　　在没有见到西施和郑旦之前，吴王夫差对于越国进献的美女不以为然。因为周边其他的小国、部落为了讨好他，总是不断地进献美女，所以他的宫中美女如云。

　　除了对越国所献美女兴趣寥寥外，还因为越国的君主都曾做过他的马夫和仆人，他又何必对这个也曾在吴国为奴的越国大夫客气呢？因而他丝毫未顾及什么礼节，只顾和旁边的美女继续说笑。

　　不过，当吴王夫差终于转过头来看到西施和郑旦时，脸上的表情瞬间呆住了。

西施和郑旦，美得让他瞬间觉得身边的美女俗不可耐。他想，整个王官中应该没有哪一个能比得上越国进献来的这两位美女了。

吴王夫差瞬间热情起来，立刻命人设宴款待范蠡，当然，他身边的两位美女，也已换成了西施和郑旦。

那场招待范蠡的宴会，便成了西施和范蠡的离别。

宴会上，看着吴王夫差那魂不守舍的样子，范蠡心中五味杂陈。一方面，他为自己的成功而高兴。可另一方面，看到西施在吴王夫差身边强颜欢笑，他又有种说不出的难受。

而此时的西施心中又何尝不是备受煎熬。

西施从离开家乡句无苎萝村起，便将一颗心交给了范蠡。现在自己却要侍奉吴王夫差，显然是对这份感情的背叛。虽然她很清楚，自己的任务是想尽办法迷惑吴王夫差，可因为范蠡的存在，她一直显得心事重重。

幸好，吴王夫差自见到西施后便彻底失了心智，西施在宴会上的拘谨，反而让他更加沉迷。

范蠡离开吴国后，西施便将所有的心思都放在了实施"惑夫差心"计划上。

　　她们一定要让吴王夫差沉湎于酒色、荒废朝政，进而不断削弱吴国。这是西施和郑旦在离开越国前，范蠡对她们的交代。西施也不断地用这句话提醒自己，不要忘记身负的重任。

　　其实不用西施多费力气去讨好吴王夫差，原本就美得不可方物的她，再经过三年的训练，她的美已经犹如仙女下凡。因而，她只需出现在吴王夫差的面前，便能让吴王夫差将所有的注意力都集中在她身上。

　　当然，仅仅迷惑吴王夫差还不够，还要让他因沉湎于淫乐而变得生活奢靡，招致朝臣、百姓的怨恨。

　　为此，西施装作一脸不满地对吴王夫差说，吴国是堂堂的千乘大国，可不知为什么宫殿会如此矮小，如此简陋呢。

　　吴王夫差一听，急忙命人在姑苏建造了一座富丽堂皇、装饰豪华奢侈的春宵宫。

　　待春宵宫建好，吴王夫差带着西施和郑旦去春宵宫玩乐时，西施又说春宵宫虽然很豪华，但美中不足的是没有湖，不能荡舟。

　　吴王夫差一听，又急忙命人在春宵宫筑了一个大池塘。其规模极大，大到能在上面荡舟游玩。

自此，西施和郑旦便装作很喜欢春宵宫的样子，让吴王夫差和她们一起在春宵宫嬉戏游玩，在池塘里荡舟。

就这样，在两位美女的侍奉下，吴王夫差再也没有心思处理堆积如山的奏折了。

慢慢地，西施对在池塘里荡舟也开始不满意了，说要是晚上也能睡在舟里就好了。

吴王夫差一听，又急忙命人建造了一艘豪华的青龙舟，停在池塘边，以便供他和西施、郑旦在上面享乐。

自那以后，吴王夫差便再也不想回宫了。

在此期间，不断向吴王夫差进谏不要沉湎于女色的伍子胥被吴王夫差渐渐冷落了，而整日只知溜须拍马的伯嚭开始得到吴王夫差的重用。

当然，伯嚭之所以得到重用，同样和西施在吴王夫差面前不断举荐他有关。因为对西施来说，吴王夫差远贤臣、亲佞臣可以加速完成她的灭吴计划。

VI

吴王夫差非常喜欢看美女跳舞。于是西施想，即便自己的舞姿美若天人，可总是跳一种舞，吴王夫差也会厌倦的。而一旦他厌倦了自己，重新专注于朝政，那灭吴大计岂不是要遥遥无期了？

于是，为了让吴王夫差继续沉湎于奢靡淫乐之中，西施挖空心思发明了一种"响屐舞"，也就是穿着木屐跳舞。

西施在表演"响屐舞"时，不仅会穿上木屐，而且会在裙子上系上很多小铃铛。当她穿着木屐翩翩起舞时，木屐和地面碰撞发出的声音，以及伴随着她的翩翩舞姿，小铃铛发出的清脆悦耳的声音交织在一起，宛如月宫中的仙子降临凡尘，吴王夫差看得如痴如醉，彻底迷失在了温柔乡里。

但是，有一点让极为挑剔的吴王夫差颇为懊恼，那就是木屐与地面发出的磕碰声和悦耳的铃铛声中时不时地会夹入一些杂音，使这段舞蹈失色不少，这让在舞蹈和音乐方面要求极高的吴王夫差也很无奈。

最后，还是西施想出了一个好办法，说如果能有个专门跳

"响屐舞"的地方就好了。于是，吴王夫差立刻下令命人专门为西施修筑了一条"响屐廊"。

自从有了这条"响屐廊"，每当西施翩翩起舞时，吴王夫差便会守在一旁，欣赏着眼前恍若仙人下凡的美娇娘，宛如身在梦中，自此他越发沉湎于其中，不思朝政了。

随后不久，受敲击大缸而发出回音的启发，西施又说她想在铺着木板的大缸上跳舞。于是，吴王夫差急忙命人搬来了数以百计的大缸供其挑选，然后在大缸上面铺上数百位木工辛苦劳作几个月制作而成的木地板。

就这样，当西施穿着木屐，裙系小铃铛，站在数以百计、铺着木地板的大缸上轻轻起舞时，那悦耳的铃声和大缸的回响声，"铮铮嗒嗒"交织在一起，犹如有一个庞大的乐队在演奏。

西施发明的"响屐舞"牢牢抓住了吴王夫差的心。而对西施来说，她的任务就是要让吴王夫差因贪恋奢靡享乐而不思朝政，无疑，她成功完成了自己的任务。

对此，《拾遗记》中记载："吴处以椒华之房，贯细珠为帘幌，朝下以蔽景，夕卷以待月。二人当轩并坐，理镜靓妆于珠幌之内。窃窥者莫不动心惊魄，谓之神人。吴王妖惑忘政。"

吴王夫差整日与西施一起淫乐，不理政事，这引起了贤臣伍子胥的强烈不满。

一直以来，伍子胥对吴王夫差没有杀掉越王勾践、灭掉越国感到颇为不安。他早就开始怀疑越国进献西施的目的，而越王勾践对三年受辱之仇也绝不会忘记，他提议趁越国虚弱，立刻发兵突袭，一举消灭对手，以绝后患。

吴王夫差听后，有些犹豫不决。

西施在得知伍子胥的建议后，马上跑到吴王夫差面前哭诉，说伍子胥一定是痛恨自己被吴王宠爱，所以才要攻打她的国家。

而佞臣伯嚭一直嫉妒伍子胥的才能，见此情景，便命人罗织罪名诬陷伍子胥要谋反。而昏聩的吴王夫差则听信小人的谗言，赐剑逼伍子胥自杀。自此，一代忠烈就此身陨。

第四章

西施助越灭吴

VII

伍子胥死后，无人再敢劝谏，吴王夫差越发肆无忌惮。他将政事全部交给伯嚭，自己则通宵与西施、郑旦等人缠绵在一起，纵情声色犬马。

在吴王夫差沉湎于淫乐时，越国却在千方百计悄悄增强自己的实力。

为了警醒自己时刻不忘在吴国为奴三年的耻辱，越王勾践在屋中挂了一枚苦胆，每次吃饭前都要先尝尝苦胆。而他的床上只铺着稻草，一如他在吴国为奴时的情景。这就是历史上著名的"卧薪尝胆"的来历。不仅如此，为了鼓励百姓发展农耕，进一步增强国家实力，越王勾践亲自下田和百姓一起耕田劳作，而越王的夫人也要带着宫女们一起采桑养蚕、抽丝织布……

经过 10 年的休养生息，越国逐渐强大起来。

公元前 475 年，越王勾践抓住吴王夫差率领吴军精锐北上参加诸侯会盟、全力争霸中原，而吴国国内兵力空虚之机，率军突袭吴国，杀死了吴国太子。经过三年苦战，最终将吴王夫差包围在了姑苏山上。

吴王夫差见大势已去，只得像当初越王勾践一样，选择了乞和。越王勾践接受了范蠡的建议，果断拒绝了吴王夫差的请求，并一举消灭了吴国。

而对于西施在灭亡吴国的战争中所发挥的作用，元代散曲家卢挚在《西施》中说："建姑苏百尺高台，贪看西施，杏脸桃腮。月暗钱塘，不提防越国兵来。吴王冢残阳暮霭，伍员坟老树苍苔。范蠡贤哉，社稷功成，烟水船开！"

客观地说，西施在吴国的日子，应该是她一生中过得最奢华、最安逸的日子了。因为她再也不用每天踏晨露而作、日暮而息，而是集万千宠爱于一身。

然而，她并不觉得幸福，因为她的心一直在范蠡身上。

　　随着吴国的灭亡，西施的去向也成了历史之谜。对于她的结局，说法有很多，有一种说法是，西施被越王勾践的夫人杀死了。因为西施太漂亮了，勾践的夫人担心她被越王勾践纳入后宫，使越王勾践成为下一个吴王夫差。

　　还有人说，西施是被愤怒的吴国百姓杀死的。因为他们认为吴国的灭亡是西施惑君导致的，于是他们用锦缎将她层层裹住，沉入了扬子江心。

　　针对这种说法，北宋文学家苏东坡在《东坡异物志》中以西施鱼作为西施葬身江底的佐证："扬子江有美人鱼，又称西施鱼，一日数易其色，肉细味美，妇人食之，可增媚态，据云系西施沉江后幻化而成。"

　　不过，还有一种说法更为普遍，而这种说法，也是后人更愿意看到的。那就是越王勾践在灭掉吴国后，范蠡辞去官职，带着西施，驾着扁舟云游四海去了。

　　范蠡是否曾带着西施云游四海，后人并不能确定，可他确实辞去了官职。据历史记载，他请假没有上朝，然后给文仲留下一封信就隐居去了。

　　在信中，范蠡说越王勾践为人阴险，工于心计，是个可以共患难，不能同富贵的人。俗话说，飞鸟射完，弓箭就要被藏起来了；兔子捕完，猎狗就要被杀掉了，所以当我们助越王勾践灭掉吴国后，就该离开了，不然定会招致杀身之祸。

对于范蠡辞官的原因，也是众说纷纭。有人说正如他给文仲的信中所说，担心被越王勾践陷害，毕竟文仲的命运，确实就像范蠡所预言的那样，被越王勾践赐死了。当然，还有人说，他辞官的目的是要和西施退隐山林。

当然，不管西施最终结局如何，有一点是肯定的，虽然在整个吴越争霸的大棋局中，西施只是一枚小小的棋子，是"伐吴九术"中的一环，她却利用自己的聪明才智，以一己之力完成了其中的四术，即"四曰遗之美好，以为劳其志；五曰遗之巧匠，使起宫室高台，尽其财，疲其力；六曰遗其谀臣，使之易伐；七曰强其谏臣，使之自杀"。因而，吴国的灭亡，西施的作用不可小觑。

（完）